Küchenzettel

Volker Neuhaus
Anselm Weyer
(Hrsg.)

Küchenzettel

Essen und Trinken
im Werk
von Günter Grass

PETER LANG

Frankfurt am Main · Berlin · Bern · Bruxelles · New York · Oxford · Wien

Bibliografische Information der Deutschen Nationalbibliothek
Die Deutsche Nationalbibliothek verzeichnet diese Publikation in
der Deutschen Nationalbibliografie; detaillierte bibliografische
Daten sind im Internet über <http://www.d-nb.de> abrufbar.

Die Bildrechte aller Abbildungen liegen beim Steidl Verlag.
Wir danken dem Verlag und dem Autor für die freundliche
Erteilung der Abdruckgenehmigungen.
Wir weisen zudem darauf hin, daß die Rechte für alle
aus Grass-Texten des Steidl Verlags
zitierten Stellen beim Steidl Verlag liegen.

Gedruckt auf alterungsbeständigem,
säurefreiem Papier.

ISBN 978-3-631-57072-2

© Peter Lang GmbH
Internationaler Verlag der Wissenschaften
Frankfurt am Main 2007
Alle Rechte vorbehalten.

Printed in Germany 1 2 3 4 6 7

www.peterlang.de

Inhaltsverzeichnis

Vorwort

Vom 28. September bis zum 1. Oktober 2006 fand in der Günter Grass Stiftung Bremen ein wissenschaftliches Symposion zum Komplex des Essens und Trinkens im Werk von Günter Grass statt: *Menschen sind Tiere, die kochen können*. Als ich diesen Kongress konzipierte, konnten wir noch nicht wissen, dass Günter Grass in seiner im Spätsommer 2006 erscheinenden Autobiographie *Beim Häuten der Zwiebel* gerade das Kochen zum Paradigma seiner Ästhetik machen würde und im immateriellen Kochkurs im Kriegsgefangenenlager mit seinen „Luftsuppen, Wolkenklößen, Windhühnern" seine Poetik des ästhetischen Mehrwerts, den die Kunst unserer platten Wirklichkeit hinzufügt, unvergessliche Gestalt gewinnen ließe.

Ich danke den Teilnehmern für die Beiträge, die das Kochen als zentrales Thema des Grassschen dichterischen wie bildkünstlerischen Werks in so vielen Facetten seines Schaffens deutlich machten. Vor allem danke ich Herrn Kollegen Alois Wierlacher für seinen ursprünglichen Plan eines gemeinsamen Kongresses mit der Deutschen Akademie für Kulinaristik, der sich dann später leider zerschlug. Ihm verdanken wir letztlich das Thema und Wierlachers eigenen Beitrag.

Mein Mitherausgeber Anselm Weyer konzipierte eine Ausstellung zum Tagungsthema. Sie bestand einerseits aus künstlerischen Originalwerken, die Grass selbst liebenswürdigerweise als Leihgaben zur Verfügung stellte. Andererseits präsentierte die Ausstellung in Kooperation mit Florian Reinartz zusammengestelltes Material aus den Beständen des Medienarchivs der Günter Grass Stiftung Bremen und verdeutlichte somit den eigentlichen Stiftungszweck – die Sammlung, Sichtung und Bewahrung der audiovisuellen Zeugnisse von und zu Günter Grass. Dem Stiftungsvorsitzenden, Herrn Berghöfer, der Geschäftsführerin, Frau Fink, und den helfenden Händen von Sonja Wohllaib und Annette Strohbach danke ich für die Durchführung einer Tagung, die gut grassisch im gemeinsamen, nach Rezepten von Günter Grass zubereiteten Essen aller Teilnehmer und Gäste ihren Höhepunkt und Abschluss fand.

Gern löse ich daher jetzt mein den Beiträgern gegebenes Versprechen ein, persönlich für die Herausgabe der Vorträge Sorge zu tragen, wobei meinem Mitherausgeber die redaktionellen Lasten zufielen.

Volker Neuhaus

…über Menschen als Tiere, die kochen können

Kulinaristik bei Günter Grass

Volker Neuhaus, Köln

Wer heutzutage zu einem übergreifenden Thema bei Günter Grass sprechen will, steht vor einem Dilemma: Womit soll er beginnen? Seit und ab 1956 bis zum heutigen Tag haben wir die Werke, von den *Vorzügen der Windhühner* bis zu *Im Krebsgang* und den *Letzten Tänzen*. Aber seit zwei Monaten haben Eingeweihte und seit einem Monat auch eine immer noch wachsende Zahl von Grass-Freunden und -Lesern einen weiteren Text von des Meisters eigener Hand, in dem er die bislang fehlende Zeit beschreibt, vom 12. Geburtstag in den Tagen des Kriegausbruchs bis ziemlich genau zu dem Zeitpunkt, an dem die dichterische Überlieferung einsetzt, nämlich in den späten fünfziger Jahren: zwanzig Jahre, in denen Grass wurde, was Grass ist.

Dies Erinnerungsbuch *Beim Häuten der Zwiebel* ist so reich, dass man es nicht auf die anderthalb Seiten und die reichlich sechs Monate bei der Waffen-SS reduzieren sollte, die der Autor darin beichtet: In drei Jahren Schreibzeit komponierte Grass ein Werk, das in der Tat komplementär zu allem in den folgenden fünfzig Jahre Geschriebenem ist und die Keime aufzeigt, die seit einem halben Jahrhundert mit stupendem Fleiß und größter Konsequenz entfaltet wurden.

So könnte ich meine Überlegungen zur Bedeutung des Kochens bei Günter Grass allein auf *Beim Häuten der Zwiebel* – ganz nebenbei wohl die beliebteste Zutat beim Kochen – stützen, beginnend mit den drei frühverstorbenen Brüdern der Mutter, die zeichnend, dichtend und kochend die Talente ihres späteren Neffen vorweggenommen haben, über die Küche des Vaters, der wie sein weltberühmtes Nachbild ,Gefühle in Suppen verwandeln' konnte, und den Trockenkochkurs des bessarabischen Zauberers der Luftsuppen im Kriegsgefangenenlager bis zu den Grünen Heringen im Schüleratelier Karl Hartungs, die erst gezeichnet und dann gebraten wurden. Soll ich mich nun auf die frühen Gestaltungen der späteren Zeit oder auf die späte Gestaltung der frühen Zeit stützen?

Ich ziehe es vor, chronologisch vorzugehen und bevorzugt die bekannten Werke selbst nach Belegen zu meinem Thema zu ,flöhen', wie Grass selbst das nennen würde. Die ipsissima vox aus *Beim Häuten der Zwiebel* werde ich dann jeweils als Bestätigung und weiteren Beleg heranziehen.

Überraschend früh werde ich bei diesem Verfahren fündig, bei einem Text, der leicht gekürzt in *Beim Häuten der Zwiebel* stehen könnte, aber fünfzig Jahre älter ist. 1956 veröffentlicht Grass auf Anregung seines Freundes und Förderers Walter Höllerer, dessen *Akzente* recht ordentlich zahlen, einen poetologischen Essay, *Die Ballerina*. Wie er Kirchenlieder und Orgelmusik in *Butt* und im *Treffen in Telgte* seiner zweiten Frau, der Kirchenmusikerin Ute Grunert verdankt, so hat diesen Essay seine erste Frau Anna angeregt. Sie war 1953 aus dem schweizerischen Lenzburg nach Berlin gekommen, um bei Mary Wigman Ausdruckstanz zu studieren. Davon gründlich kuriert zog sie 1956 mit Günter nach Paris, dem Mekka des strengen klassischen Balletts.

So spielt der Aufsatz dann auch den Ausdruckstanz, „barfuß" und „mit aufgelöstem Haar" gegen die rigide, fast sterile formvollendete Künstlichkeit des klassischen Balletts aus. Goethes hochklassische Kunstauffassung wird zur Verteidigung des Balletts ins Feld geführt; der letzte Absatz ist *Natur und Kunst* überschrieben und trägt damit den Titel von Goethes klassischem Sonett über das Sonett: „Vergebens werden ungebundne Geister/ nach der Vollendung reiner Höhe streben./ In der Beschränkung zeigt sich erst der Meister/ Und das Gesetz nur kann uns Freiheit geben." Erst im Durchgang durch die rigideste Beschränkung kann dann wieder ‚Natur' aufscheinen: „Und wenn wir erst in abgemess'nen Stunden/ Mit Geist und Fleiß uns an die Kunst gebunden,/ Mag frei Natur im Herzen wieder glühen." Erst im Durchgang durch die höchste Künstlichkeit kann die Darbietung der Tänzerin wieder ‚Natur' werden, nicht in einer unreflektierten ‚Natürlichkeit'. Neben Goethe wäre für diese Position noch der Neoklassizismus des späten Benn zu nennen – der Aufsatz erschien in Benns Todesjahr, und im Streit der in Ost- und Westberlin residierenden Gegenkönige Brecht und Benn hat Grass stets zum Gefolge Gottfried Benns gehört: Gestaltung ist Zucht.

Auch wenn exakt ein halbes Jahr später ebenfalls in Höllerers *Akzenten Der Inhalt als Widerstand* der Bennschen Ballett-Artistik erscheint, hat Grass doch das Bekenntnis zur höchsten Künstlichkeit als conditio sine qua non jeglicher Gestaltung niemals aufgegeben. Oskar kann nur durch „floskellosestes Trommeln" realistische Details wie die Wattzahl der Glühbirnen ermitteln, in deren „Gestalt" er das „Licht der Welt" erblickte. Einen direkten Zugang zur ‚Wirklichkeit', zu ‚Natur' und ‚Natürlichkeit' gibt es nicht, uns bleibt nur der nur scheinbare Umweg über die Kunst, die künstlichste Kunst.[1]

Grass nennt 1956 neben Goethe aber nicht Benn, sondern Kleist, und nennt damit indirekt den Grund dafür, dass dem Menschen der unmittelbare Rück-

---

[1] Als Kritiker in einem zweiten, etwas ruhigeren Abschnitt der Debatte um den Waffen-SS-Mann Grass sich auf den Text einzulassen begannen, warfen sie Grass oft gerade diese Reflexionen, wie etwas vor sechzig Jahren ungenau Erlebtes zu ‚Text' werden kann, als Ausweichmanöver vor.

Griff auf ‚Natur' verwehrt ist: den Sündenfall. Der Griff nach dem Baum der Erkenntnis, das Essen von seiner Frucht ist nicht rück-gängig zu machen; uns bleibt nur die Flucht nach vorn: „Mithin müßten wir wieder von dem Baum der Erkenntnis essen, um in den Stand der Unschuld zurückzufallen?" heißt es bei Kleist.

Ebenso ist bei Grass der Mensch auf Kunst angewiesen, auf Künstliches; von der Natur ist er entfremdet; zwischen ihm und ihr steht der Engel mit dem Flammenschwert. Um diesen Sachverhalt zu illustrieren, bedient sich Grass im *Ballerina*-Essay – und damit bin ich wieder bei meinem Thema – des Bildes vom Kochen:

> Es ist uns zur Selbstverständlichkeit geworden, ein Stück Hammel nicht in rohem, noch blutigem Zustand barbarisch zu verschlingen. Nein, wir braten, kochen oder dünsten es, tun immer wieder noch ein Gewürz in den Topf, nennen es am Ende gar und schmackhaft, essen es manierlich mit Messer und Gabel, binden uns eine Serviette um. So sollte nun endlich den anderen Künsten dieselbe Ehre wie der Kochkunst zuteil werden und – wenn dann und wann Stimmen laut werden und das klassische Ballett totsagen wollen – bewundernd festgestellt werden, daß bislang diese Kunst, mehr noch als Kochkunst und Malerei, eine der unnatürlichsten und damit formvollendetsten aller Künste zu nennen ist.

Kochen als die Kunst schlechthin: Hier schlägt sich der Bogen über ein halbes Jahrhundert hinweg von Grass' ältestem Essay zu seinem jüngsten Text. In *Beim Häuten der Zwiebel* ist das Kapitel *Mit Gästen zu Tisch* eine einzige am Kochen des Nichts entwickelte Grasssche Poetik: Der Koch von ungewisser Herkunft und mit unklarer Vergangenheit kocht material-, mithin materielos, nur mit Wörtern und Worten:

> Er war ein Meister der Beschwörung. Mit einer Hand nur zwang er gemästete Träume auf die Schlachtbank und unters Messer. Dem Nichts gewann er Geschmack ab. Luft rührte er zu sämigen Suppen. Mit drei genäselten Wörtern erweichte er Steine.

Der aus dem Nichts aufgetauchte und wieder dorthin entschwundene Koch ist damit das Paradigma Grassschen Schöpfertums, verkörpert er doch „die Wunderwirkung freihändiger Imagination , also das Zaubern auf weißem Papier". Und dem gilt eins der schönsten Gedichte aus den *Fundsachen für Nichtleser*:

> Meine Kritiker
> wissen nicht, wie man das macht:
> Zaubern auf weißem Papier.
> Meister, dürfen wir
> über die Schwelle treten?
> Doch selbst als Lehrlinge
> taugen sie wenig
> und bleiben traurig
> ohne Begriff.

Zurück zur *Ballerina*: Wenn die Menschheit vom ‚rohen Verschlingen' zum Kochen übergeht, liegt hinter ihr kein Paradies, kein harmonisches Einssein mit irgendwelcher Natur – wir sind nur Menschen, insofern wir „manierlich" sind, und aufgegeben ist uns das „Unnatürlichste und damit Formvollendetste".

Grass hat in seinem Gesamtwerk den Mythos vom Sündenfall, der Kleists Aufsatz *Über das Marionettentheater* zugrundeliegt, breit rezipiert, aber für ihn wird er zum Urdatum der Menschheit. Grass kürzt die jüdisch christliche, später dann – siehe Kleist – romantische Triade um das Paradies am Anfang und am Ende der Tage und hält nur am Mittelteil, der gefallenen Schöpfung fest.. Eine „ursprüngliche Ganzheit" hat es nie gegeben – „Am Anfang war der Sprung", der Riss durch Welt und Schöpfung, der Riss zwischen Mensch und Natur.

Grass kennt nicht nur kein Paradies – er lehnt es immer wieder explizit ab. Zum Kirchentag Stuttgart 1969, auf dem Grass eine Lesung hält, notiert er:

> Viel barfüßige und jetzt, da es zu spät ist, frühchristliche Jugend hungert nach neuem Mythos, will irgendwas glauben können, hat schon den paradiesischen Blick und wird die Schranke Vernunft überhüpfen...
>
> Ihr werdet verstehen, Kinder: das Wort Paradies ängstigt meine Schnecke. Sie fürchtet sich geradezu vor den Wegbereitern paradiesischer Zustände und macht sich klein bis zur Schrumpfgröße. Denn allzu genau erinnert sie die strengen Einreisebestimmungen und die erkenntnisfeindliche Hausordnung. Sie weiß, wie total nach unparadiesischem Verhalten die Austreibung ist.

So nennt denn auch *Beim Häuten der Zwiebel* als denkbares bildhauerisches Sujet des jungen Grass „Adam und Eva, wie sie unterm Baum der Erkenntnis fleißig sind und immer wieder der Erbsünde Geschmack abgewinnen."

In *Die Rättin* entfaltet Grass ein Geschichtspanorama, das einzig dem der biblischen Bücher zu vergleichen ist, von den Uranfängen der Menschheit bis zu ihrer Vernichtung im eschatologischen Äonenumbruch und im zukünftigen Äon der Ratten. Die Anfänge sind aber auch bei diesem bewussten Rückgriff auf das biblische Geschichtsbild nicht paradiesisch. Die Weltgeschichte setzt nicht beim Bund mit Adam und Eva – „Seid fruchtbar und mehret euch und macht euch die Erde untertan" – ein, sondern beim gefallenen Menschen, bei Noah, der, „wie von Jugend an gewohnt, Böses bei sich" denkt, und bei seinen Söhnen Sem, Ham und Japhet, „drei massigen Kerlen", die die ihnen verhalten Ratten ‚von der Rampe prügeln', wie es heißt – ein Vorklang von Auschwitz im Morgendämmer der Menschheitsgeschichte.

Dem gefallenen Menschen vertraut Gott seine Schöpfung an, gegen die er nie wieder Krieg führen will – Jahwe stellt seinen Kriegsbogen als Regenbogen und Friedenszeichen in die Wolken. Vor dem Menschen aber soll hinfort alle Kreatur zittern, denn sie ist in seine Hände gegeben – der erst jetzt dem Menschen erlaubte Fleischgenuss ist ein Merkmal der gefallenen Schöpfung.

Schon früh hat H. Ide einen rätselhaften Satz aus der *Blechtrommel,* schon im Paradies habe es Kochäpfel gegeben, in diese Richtung gedeutet: Die Sonderstellung des Menschen, seine Entfremdung von der übrigen Schöpfung, seine Stellung als Tier, das seine Mitgeschöpfe kochen kann, datiert schon bis an den Anfang der Geschichte, bis ins Paradies, zurück.

Im profangeschichtlichen Menschheitspanorama des *Butt,* das dem heilsgeschichtlichen in der *Rättin* vorausging, beginnt die Weltgeschichte, d.h. das In-der-Welt-Sein des Menschen als Geschichte mit dem Kochen – schließlich ist *Der Butt* das Buch, das 1972 als „erzählerisches Kochbuch" angekündigt worden ist. Das die epische Erzählung vom Anfang des Kochens verknappende Gedicht sei hier zitiert:

Fleisch

Rohes faules tiefgefroren gekocht.
Es soll der Wolf (woanders der Geier)
anfangs das Feuer verwaltet haben.
In allen Mythen war listig die Köchin:
in nasser Tasche hat sie drei Stückchen Glut,
während die Wölfe schliefen (die Geier
umwölkt waren) bei sich verborgen.
Sie hat das Feuer vom Himmel gestohlen.

Nicht mehr mit langen Zähnen gegen die Faser.
Den Nachgeschmack Aas nicht vorschmecken mehr.
Sanft rief das tote Holz, wollte brennen.
Erst versammelt (weil Feuer sammelt)
zündeten Pläne, knisterte der Gedanke,
sprangen Funke und Namen für roh und gekocht.

Als Leber schrumpfte über der Glut,
Eberköpfe in Lehm gebacken,
als Fische gereiht am grünen Ast
oder gefüllte Därme in Asche gebettet,
als Speck auf erhitzten Steinen zischte
und gerührtes Blut Kuchen wurde,
siegte das Feuer über das Rohe,
sprachen wir männlich über Geschmack,
verriet uns der Rauch,
träumten wir von Metall,
begann (als Ahnung) Geschichte.

Drei Merkmale sind es, die als Beginn von „Geschichte" hier in wechselnder Reihenfolge genannt werden: „Feuer sammelt", und in der Gemeinschaft entstehen Gedanken und Wörter dafür, entsteht Sprache und mir die Möglichkeit der Referenz auf Nichtvorhandenes – es „zündeten Pläne" – der Mensch als zoon politikon und auch als animal rationale wird hier geboren. In der Nobelpreis-Rede *Fortsetzung folgt...* datiert Grass in diese frühe Phase auch die Entstehung der Epik als Erzählung vor der versammelten Horde. Auch sie dient dem Mängelwesen Mensch zur Kompensation.

Nicht zu trennen vom Sammeln durch das Feuer ist das Garen durch das Feuer – das Feuer versammelt in erster Linie zu Mahlzeiten: Essen bei Grass ist immer gesellig. Und das Garen durch das Feuer ist zugleich ‚Kultur' im Wortsinne von ‚colere' ‚hüten, pflegen'. Solches Hüten und Pflegen erscheint im *Butt,* das ist eine seiner Botschaften, als spezifisch weiblich, während die Männer darauf sinnen, dem Feuer jenseits des Sammelns und Nährens einen dritten, einen ‚männlichen' Sinn zu geben: Der ‚Traum' „vom Metall" meint Werkzeug und Waffe; beides, ambiger Fortschritt und nackte Gewalt, werden fortan zur Geschichte gehören – die Dialektik der Aufklärung.

Kochen gehört also bei Grass durchaus zur gefallenen Schöpfung, ist Ausdruck der condition humaine und zugleich remedium gegen sie – besser: in ihr. Im Kochen und Essen nehmen wir die condition humaine jedesmal an:

An alle Gärtner

Warum wollt ihr mir verbieten Fleisch zu essen?
Jetzt kommt ihr mit Blumen,
bereitet mir Astern zu,
als bliebe vom Herbst nicht Nachgeschmack genug.
Laßt die Nelken im Garten.
Sind die Mandeln doch bitter,
der Gasometer,
den ihr den Kuchen nennt –
und ihr schneidet mir ab,
bis ich nach Milch verlange.
Ihr sagt: Gemüse –
und verkauft mir Rosen im Kilo.
Gesund, sagt ihr und meint die Tulpen.
Soll ich das Gift,
zu kleinen Sträußchen gebunden,
mit etwas Salz verspeisen?
Soll ich an Maiglöckchen sterben?
Und die Lilien auf meinem Grab –
wer wird mich vor den Vegetariern schützen?
Laßt mich vom Fleisch essen.
Laßt mich mit dem Knochen alleine,
damit er die Scham verliert und sich nackt zeigt.
Erst wenn ich vom Teller rücke
und den Ochsen laut ehre,
dann erst öffnet die Gärten,
damit ich Blumen kaufen kann –
weil ich sie gerne welken sehe.

Kochen ist so Merkmal und Teil unseres von Vergänglichkeit und Gewalt gleichermaßen bestimmten Lebens: Ein Merkmal der Watsoncricks, der von den Ratten nach dem Untergang der Menschheit zunächst sehnsüchtig erwarteten Rattenmenschen ist, dass sie abgesonderte Jungtiere mästen, schlachten und braten: Um des endgültigen Friedens der Schöpfung willen, müssen sie daher als allerletzter Rest des gefallenen Menschen vom Erdboden vertilgt werden.

Kochen und Essen nehmen die Vergänglichkeit nicht nur an, sondern setzen ihr auch, fast trotzig, etwas entgegen:

Bohnen und Birnen

Bevor die grünen Dotter welken –
die Hennen brüten einen frühen Herbst –,
jetzt gleich, bevor die Scherenschleifer
den Mond mit hartem Daumen prüfen,
der Sommer hängt noch an drei Fäden,
den Frost verschließt ein Medaillon,
noch eh der Schmuck, verwandt dem Regen wandert,
noch eh die Hälse nackt, vom Nebel halb begriffen,
bevor die Feuerwehr die Astern löscht
und Spinnen in die Gläser fallen,
um so der Zugluft zu entgehen,
vorher, bevor wir uns verkleiden,
in ärmliche Romane wickeln,
laßt uns noch grüne Bohnen brechen.
Mit gelben Birnen, einer Nelke,
mit Hammelfleisch laßt uns die grünen Bohnen,
mit schwarzer Nelke und mit gelben Birnen,
so wollen wir die grünen Bohnen essen,
mit Hammelfleisch mit Nelke und mit Birnen.

Trost in der gefallenen Schöpfung, remedium gegen die condition humaine – das hat das Essen mit der Liebe gemeinsam, beide repräsentieren einen unmittelbaren sinnlichen Genuss, angesichts dessen sich keine Sinnfrage stellt: „Ein Mädchen mehr/ mit dem Spalt,/ der offen blieb,/ als die Aussicht vernagelt wurde" heißt es sehr drastisch aus männlicher Sicht im *Butt*.[2]

Auch die Liebe ist ein Spezifikum des Menschen, wie er das Wesen ist, das kochen kann, ist er das Tier, das immer, nicht lediglich brunstunterworfen, liebt:

Auf der Suche nach Unterschied zum Getier
wird gern als menschliches Sondervermögen
die Liebe genannt.
Nicht Nächstenliebe, die Tieren geläufiger

---

[2] Um diesen machismo auszugleichen, habe ich versucht, eine weibliche Pendantformulierung zu finden: „ein Junge mehr,/ mit dem Zipfel/ der übrig blieb,/ als uns der letzte Halt genommen wurde".

als dem Menschen ist, soll hier gemeint sein,
vielmehr geht es um Tristan und Isolde
und andere exemplarische Paare,
die selbst unter Schwänen
nicht auszudenken sind.
So wenig wir vom Wal und seiner Kuh wissen,
Szenen wie zwischen Faust und Gretchen
wären diesen Großsäugern fremd,
wenn nicht unnatürlich.
Höher als des Hirsches Brunst steht das Hohelied Salomonis.
Nichts Äffisches reicht an die Liebenden von Verona heran.
Keine Nachtigall, nicht die Lerche, nur der Mensch
liebt um jeden Preis, außerhalb der Saison, bis zum Wahn
und über den Tod hinaus.
Wie man weiß, möchten die Liebenden
einander auffressen sogar.
Das stimmt, Liebste: mit Haut und Haaren sogleich.
Vorher jedoch – und bei Lautenmusik –
braten wir uns ein Doppelstück
saftig vom Schwein.

Auch hier steht betont am Ende das menschliche Gewaltverhältnis zur Schöpfung, das von Anfang an dem Kochen eingeschrieben ist.

Nicht zufällig habe ich bisher überwiegend Gedichte als Belege für das Gesagte angeführt: Ihre Gestaltung findet die condition humaine in Dichtung, dem dritten remedium in der gefallenen Welt. Das Tier, das kochen kann, ist das Tier, das die Liebe hat, und das Tier, das Kunst hat. Auch ‚Kunst' im weitesten und Dichtung im engeren Sinne ist wie Essen und Lieben Gegenmacht in einer chaotischen Welt – schließlich entstand die Dichtung an den Feuern, an denen die Horde erstmals kochte, liebte und plante. Dichtung ist Annahme des Chaos Welt, dessen Benennung und darin zugleich ein Stück Überwindung – Dichtung hebt das Chaos im Hegelschen Sinne auf, bewahrt es, negiert es und macht Kunst daraus.

In Grass' poetologischstem Werk, dem Dichter-*Treffen in Telgte (1979)*, nennt der spiritus rector des Treffens, Simon Dach, als besonderes Vermögen der Dichter die Fähigkeit, „allen Jammer dieser Welt zu benennen", und der Vertreter der absoluten Kunst, der Musiker Heinrich Schütz, nennt noch einen Mehrwert, den die Dichter stiften: „Der geschriebenen Wörter wegen, welche nach Maßen der Kunst zu setzen einzig die Dichter begnadet seien. Auch um der Ohnmacht – er kenne sie wohl – ein leises »dennoch« abzunötigen."

Im ebenso programmatischen Gedicht *Schreiben* heißt es dreizehn Jahre zuvor am Schluss:

Im Vakuum heiter bleiben.
Nur Eigenes stehlen.

Das Chaos
in verbesserter Ausführung.
Nicht schmücken – schreiben:

Im „Chaos", im „Vakuum" dieser Welt, in die sich der Mensch geworfen sieht, bleiben ihm Kulinaristik, Erotik und Artistik als Trost- und Gegenmächte. Auf sie antwortet der Mensch deshalb mit Verlangen; Hunger genannt. Vom dreifachen Hunger sieht daher Grass in *Beim Häuten der Zwiebel* Grass seine Jugend bestimmt, vom Hunger nach Essen, vom Hunger nach Liebe, von der Zärtlichkeit bis zur nackten Sexualität, und vom Hunger nach der diese Welt transzendierenden Kunst.

Mit der Benennung dieses dreifachen Hungers bringt Grass die seine Werke und deren Gestalten immer schon bestimmenden und prägenden Themen auf den Punkt. In der *Blechtrommel* ist der unglückselige Alfred Matzerath nur da ganz Mensch, wo er kocht; nach den Worten seines Sohnes wurde er „eigentlich nur während seiner Lieblingsbeschäftigung, während des Kochens, differenzierter, ja sensibel und deshalb beachtenswert". Ja, beim Kochen ist er Künstler im Vollsinn, denn er kann „Gefühle in Suppen verwandeln", wie es dreimal von ihm heißt. Was sein mutmaßlicher Sohn auf der Blechtrommel kann, vollbringt er mittels des Kochtopfes, und als Agnes' Tod beide Männer verwaist zurücklässt, suchen sie Trost in ihrer jeweiligen Kunst. Oskar schreibt: „Am Abend saßen Matzerath und ich uns gegenüber. Er blätterte in seinen Kochbüchern, ich klagte auf meinem Instrument. Manchmal weinte Matzerath und barg seinen Kopf in den Kochbüchern."

Aber, wie es bei der dritten Wiederholung der schönen Formulierung von den „Gefühlen" und den „Suppen" bezeichnenderweise heißt, kann er sie „nur" in Suppen verwandeln. Sein in diesen Worten beschlossenes Versagen als Mensch und als Ehemann lässt ihn letztlich auch als Koch scheitern: Mit der berüchtigten Mahlzeit „Aal grün" am Karfreitag kocht er seiner Frau den Tod herbei – in der gefallenen Welt können Kochen und Essen auch töten. Im *Butt* verdeutlicht dies die tödliche Pilzmahlzeit, die Sophie Rotzoll für den napoleonischen Danziger Gouverneur Rapp und seine Entourage kocht.

Dem Kochen ihres Mannes korrespondierend ist das Leben von Agnes Matzerath vom dreifachen Hunger bestimmt: Den nach Nahrung stillt der Koch Matzerath, den nach Liebe, Zärtlichkeit und Sexualität ihr Cousin und Geliebter Jan Bronski, den nach dem ‚Schönen' ihr kleiner Bücherschrank, Opern- und Operettenbesuche sowie ihr Klavierspiel. Doch als ihr Mann ihr ein Gericht aus Aalen kocht, die aus dem Wasser kommen, in der ihr Vater einst ertrank, sich von Wasserleichen nähren und zugleich sexuell-phallisch konnotiert sind, sieht sie den Wahnsinn aus Liebe und Tod, blickt sie in einen Abgrund, der mit nichts zu füllen ist, nicht mit Alfreds Kochen, Jans Streicheln und auch nicht mit wildem Klavierspiel, hat „genug [...], nicht nur vom Aal, auch vom Leben, besonders von den Männern" und stirbt „mit angeekeltem, im Ekel mich manchmal anlächelnden, von Krämpfen verwüstetem Gesicht".

Die neun „Monate" des *Butt* als die „Zeitweilen" des unsterblichen Märchenhelden und Ich-Erzählers sind streng strukturiert vom dreifachen Hunger. 1972 als „erzählerisches Kochbuch [...] über 99 Gerichte, über Gäste und Menschen als Tiere, die kochen können, über den Vorgang Essen, über Abfälle" konzipiert, sollte er eine Gegengeschichte zur offiziellen Historie der Schlachten, Kriege und Friedensschlüsse werden, eine Geschichte des Kriegs gegen den Hunger, wie ihn vor allem Frauen schmack- und nahrhaft zugleich geführt haben. Nicht nur über diese Köchinnen, sondern vor allem durch das in die Schreibzeit fallende Scheitern der Beziehung zu Veronika Schröter wuchs dem *Butt* das Thema des zweiten Hungers zu, des Hungers nach Liebe, Zärtlichkeit und Sexualität.

Zudem ist der Held und Erzähler zu allen Zeiten, bis hin zum Schreiben des *Butt*, Künstler, kann „Zeichen setzen, ein Bildnis machen" und antwortet auf die Unzulänglichkeiten und Mängel des Daseins von Anfang an mit seinen ‚geritzten' Werken: ‚Ritzen, Zeichen kerben' ist die Grundbedeutung des griechischen ‚graphein', das deshalb Zeichnen und Schreiben zugleich bedeutet.

Als Buch über die rätselhaften „Tiere, die kochen können" hat der *Butt* auch ein Kapitel über den Hunger, den historischen, den die Einführung der Kartoffel in Mitteleuropa besiegt hat, und den gegenwärtigen. Seine Fortdauer stellt für Grass den Menschen und mit ihm alle seine Selbstdefinitionen. Der Welthunger widerlegt das animal rationale, an ihm scheitert das Wesen, das lieben kann, ebenso wie das zoon politikon und er führt vor allem anderen das „Tier, das kochen kann" ad absurdum. Im *Butt* stellt ein Gedicht

> Drei Fragen
>
> Wie kann ich,
> wo uns Entsetzen in Blei gießen sollte,
> lachen,
> beim Frühstück schon lachen?
> Wie sollte ich,
> wo Müll, nur noch der Müll wächst,
> von Ilsebill, weil sie schön ist,
> und über die Schönheit reden?
> Wie will ich,
> wo die Hand auf dem Foto
> bis zum Schluß ohne Reis bleibt,
> über die Köchin schreiben:
> wie sie Mastgänse füllt?
>
> Die Satten treten in Hungerstreik.
> Der schöne Müll.
> Das ist zum Kaputtlachen ist das.
>
> Ich suche ein Wort für Scham.

„Wie dem Hunger kann der Schuld und der ihr folgsamen Scham nachgesagt werden, daß sie nagt, unablässig nagt", heißt es in *Beim Häuten der Zwiebel*. Diese Scham hat das zoon politikon Grass stets umgetrieben; sie wurde zum movens seines politischen Engagements. Das Wort seines Freundes und politischen Lehrmeisters Willy Brandt bei seiner Antrittsrede vor der UNO, „Auch Hunger ist Krieg", hat Grass in einem Gedicht festgehalten; 1999 ist er in der Nobelpreisrede darauf zurückgekommen.

Den elementaren, den wörtlichen Hunger, den nach Kalorien, nach Essen hat der junge Grass in den Jahren 45 bis 48 als primären, alles andere beherrschenden Trieb erfahren – für den politisch engagierten Bürger Grass hat der Welthunger diese Stellung bis heute behalten. Im eingangs zitierten Passus aus der *Ballerina* – „wir braten, kochen oder dünsten das Rohe, tun immer noch ein Gewürz in den Topf, nennen es am Ende gar und schmackhaft" – wird das ,Manierliche' selbst zum „Barbarischen", wenn ein Drittel der Weltbevölkerung hungert und in eigenen Land eine wachsende Zahl Mitbürger unter lebensbeschränkendem Mangel leidet. Der nackte physische Hunger des Nächsten lässt unsere Kulinaristik, unseren Hunger nach Liebe und Schönheit geradezu obszön werden. Deshalb tritt zum Hunger nach Essen, Liebe und Kunst „die Gerechtigkeit und der Hunger nach ihr", wie es in *Aus dem Tagebuch einer Schnecke* heißt.

Für Grass ist in einer gefallenen Welt die menschliche Vernunft nie autonom, kann ihre Ziele nicht aus sich selbst gewinnen. Wie für Luther ist sie ein nützliches Reittier, dem jedoch seine Richtung vorgegeben werden muss. Als Orientierungspunkte für solche Richtungsvorgabe hat Grass immer wieder das Christentum und seine Säkularisation in der Ethik der europäischen Aufklärung genannt, zuerst und immer wieder die Bergpredigt. Und gerade an deren Anfang gilt eine der Seligpreisungen dem Hunger nach Gerechtigkeit und seine uns verheißene – und aufgegebene! – Sättigung: „Selig sind, die da hungert und dürstet nach der Gerechtigkeit, denn sie sollen satt werden."

Grass' dichterisches Werk gestaltet den kulinarischen, den erotischen und den artistischen Hunger, das politische Werk dient dem Hunger nach Gerechtigkeit, der dem weltweiten Hunger nach Teilhabe an den Gütern dieser Welt Stimme verleiht. So führt die Frage nach dem Menschen als Tier, das kochen kann, seine Betrachtung als zoon pesson, als animal coquens direkt ins Zentrum der Grass-schen Poetik, seiner Anthropologie, seiner Ontologie und seiner Ethik.

Kulinaristische Anerkennung – Anerkennung der Kulinaristik

Zur Erläuterung einer besonderen Würdigung des Gesamtwerkes von Günter Grass

Alois Wierlacher, Bayreuth

Am 3. Oktober 2005 verlieh die *Deutsche Akademie für Kulinaristik* ihren nach ihrem Gründungsmitglied und 'Jahrhundertkoch' Eckart Witzigmann benannten Preis in der Sektion 'Literatur, Wissenschaft und Medien' an Günter Grass. Der Verfasser dieser Zeilen, Gründungsmitglied und damaliger Vorsitzender der Akademie, übergab an diesem Tag, begleitet von Volker Neuhaus, persönlich dem Preisträger in seinem Haus in Behlendorf die Urkunde. Im Folgenden sollen einige Beweggründe verdeutlicht werden, die dieser Auszeichnung zugrunde liegen.

Inhaltlich besagt die Ehrung, es gebe keinen zweiten Autor der deutschen Gegenwartsliteratur, der ähnlich aufschlussreich die anthropologische, kommunikative und symbolische Bedeutung des Essens im menschlichen Leben ansichtig gemacht hat. Tatsächlich lassen sich vor allem Romane wie *Die Blechtrommel, Der Butt, Das Treffen in Telgte* oder *Ein weites Feld*, aber auch manche Gedichte, Radierungen und Skulpturen als Beitrag zu einer einzigartigen künstlerischen Gastrosophie lesen, in der auf herausragende Weise außer dem Essen auch die Gastlichkeit, das Kochen und die Erfahrung des Hungers als Nahrungsmangels thematisch werden. Mit der Zuerkennung des Akademie-Preises wird diese Leistung gewürdigt.

Basisbedeutung aller Würdigungen im Sinne einer Anerkennung ist im Sinne der Logik eines Urteils die *Bejahung* (Bestätigung) im Unterschied zu einer Verneinung. In Abgrenzung von einem bloßen Lippenbekenntnis ist die anerkennende Bejahung mit einer begründeten Geltungszusage und diese ist mit einem Maßstab, einer Norm und einer zugrunde liegenden Auffassung des Zuerkennenden verknüpft. Sie lautet im vorliegenden Fall: das Essen, das Kochen, die Gastlichkeit und das Reden von diesen Handlungsfeldern prägt den Alltag und den Festtag der Kultur(en), die Verständigung zwischen den Menschen und das Leben des Einzelnen in einem so umfassenden Ausmaß, dass man mit Recht von einem 'sozialen Totalphänomen' (Marcel Mauss) gesprochen habe. Diese der Preisverleihung zugrunde liegende Ansicht soll im Folgenden in einigen Hinsichten erläutert werden. Vorab ist zu diesem Zweck auf die Dialektik aller Anerkennung einzugehen.

Zur Dialektik der Anerkennung

Anthropologisch ist der Wunsch der Menschen nach Anerkennung ein Grundbedürfnis wie das das Essen, das Atmen und das Reden. Der Anerkennungsbedarf ist in vielfältiger Form in der Dialogqualität menschlicher Existenz begründet, da die je eigene Identität entscheidend abhängig ist von den je dialogischen Beziehungen zu anderen.[1] Als eine bejahende und erkennende Zuschreibung von Identität schafft Anerkennung ein wechselseitiges *Gesichtgeben*, das die Betreffenden in die Lage versetzt, von sich und anderen in ihrer Eigenheit als Andersheit erkannt zu werden.

In der Wissenschaft begegnet der Ausdruck *Anerkennung* vor allem als öffentliche Würdigung individueller Leistungen und als rechtliche Gleichstellung (‚Nostrifikation') von Studienabschlüssen (Diplomen). In diesem Sinne meint *Anerkennung* grundsätzlich den performativen Akt der Bestätigung einer Auszeichnung oder der Ebenbürtigkeit durch eine anerkennungsbefugte Instanz.

Im Englischen wird der Ausdruck Anerkennung mit dem Ausdruck recognition wiedergegeben; das Wort (von lat. *recognoscere*) verweist auf die der Geltungszusage zugrunde liegende Aktivität des Erkennens. Die Anerkennung von Leistungen oder Positionen setzt also ebenso wie die Anerkennung von Zeugnissen voraus, dass man sich mit dem Anzuerkennenden befasst, es ernst genommen und geprüft hat.

Insofern Anerkennungshandlungen als Zuerkennungen von Identität zugleich dialektische Verstärkungen des Selbstentwurfs des Anerkennenden sind, stiften sie Gemeinsamkeit und Vertrauen zwischen dem erkennend Anerkennenden und dem Anerkannten.[2] Der prüfende Akt der Anerkennung ist insofern, bündig gesagt, das Zuschreiben einer Identität als Alterität. Das Bedürfnis nach Anerkennung und der tägliche ‚Kampf um Anerkennung'[3] sind mithin keine weltfremden oder revolutionären Versuche, Ungleichgewichtigkeiten oder Ungleichzeitigkeiten aufzuheben, sondern Folgen des Wissens um die wechselseitige Bedingtheit des Einen durch den Anderen im Erkanntwerden.

---

[1] Vgl. Charles TAYLOR: *Multikulturalismus und die Politik der Anerkennung*. Mit Kommentaren von Amy Gutmann (Hg.), Steven C. Rockefeller, Michael Walzer, Susan Wolf. Mit einem Beitrag von Jürgen Habermas. Frankfurt 1993, S. 57; ders.: *Das Bedürfnis nach Anerkennung*. In: ders.: Das Unbehagen an der Moderne. Frankfurt 1995, S. 52-64.

[2] Vgl. Alexander Garcia DÜTTMANN: *Zwischen den Kulturen*. Spannungen im Kampf um Anerkennung. Frankfurt 1997, S. 52.

[3] Vgl. Axel HONNETH: *Kampf um Anerkennung*. Zur moralischen Grammatik sozialer Konflikte. Frankfurt 1992.

Der Anerkennende agiert als Zeuge und Produzent, er muss für diesen produktiven Akt auch legitimiert sein. Mit dem Anzuerkennenden steht folglich zugleich der oder die anerkennende Person oder Institution zur Diskussion. Deshalb ist im Folgenden auch zu fragen, ob die Akademie im Sinne der rechtlichen und philosophischen Anerkennungsbedingungen eine anerkennungsbefugte Instanz ist. Da sich die anerkennende Instanz mit der reflexiv prüfenden Zuerkennung von Identität dialektisch mitbegründet, bewahrt die rückfragende Selbstprüfung sie zugleich davor, den anzuerkennenden Anderen zum abkünftigen Modus ihrer selbst zu machen.

Zur Anthropologie des Essens

Menschen reden und essen mit demselben Organ. Folgen dieses Konnexes präsentiert schon der biblische Mythos vom Baum der Erkenntnis. In der Tat ist das Essen als Handlung eine nichtdelegierbare Tätigkeit der Lebenserhaltung wie das Nachdenken auch; die alte humanistische Metapher von der ‚geistigen Nahrung' spiegelt dieses Wissen. Jeder aufmerksame Tourist weiß heute ein entsprechendes Lied von fremden Speisen zu singen; der Alltag multikultureller Gesellschaften lehrt uns, welch erhebliche Kontaktschwierigkeiten durch fremdkulturelle Küchen entstehen; dass durch Normenfragen des Essens auch Lernbarrieren aufgebaut werden, hat die Nahrungsethnologie aufgedeckt.

Es gibt im übrigen einen vielschichtigen Zusammenhang von Essen und Reden, den die Anthropologin Mary Douglas in den siebziger Jahren des vergangenen Jahrhunderts einmal in die Worte gefasst hat: *Eating like talking is patterned activity.*[4] Gemeint ist nicht nur die Konventionalität des Handelns. Ein Wort des französischen Philosophen Jean Paul Sartre lässt den Sachverhalt verstehen, es lautet in scheinbar einfacher Formulierung: „Jede Nahrung ist ein Symbol". Doch genau genommen geht es um Grundsätzliches: Der Akt des Essens und der Akt der Stiftung von Bedeutungen und Werten hängen unmittelbar zusammen.

Mithin steht auch und gerade den Bedeutungswissenschaften, vor allem den sprach- und textbezogenen Kulturwissenschaften sehr gut an, die fächerübergreifende Essenforschung (arbeitsteilig) zu einem ihrer Schwerpunkte zu machen, zumal inzwischen communis opinio der Forschung ist, dass die Gegenstände kulturwissenschaftlicher, speziell literaturwissenschaftlicher Disziplinen nicht eo ipso gegeben sind, sondern durch Problemstellungen und theoretische

---

[4] Vgl. Mary DOUGLAS: *Deciphering a Meal.* In: dies.: Implicit Meanings. Essays in Anthropology. London, Boston 1975, S. 249-275.

Annahmen konstituiert und in einem vorgegebenem Verstehensrahmen entwickelt werden, mithin Bestandteile von Kulturen sind.[5]

Sinn und Zweck des Essens erschöpfen sich, mit anderen Worten, weder in der Feinschmeckerei noch darin, kreatürlichen Hunger zu stillen und die Nährwertzufuhr auf dem physiologischen Bedarfsniveau zu halten. Essen war immer schon mehr als Ernährung (Nutrition), war immer auch eine besondere kommunikative Sprache (‚language of food'), eine Lust- und Leidquelle menschlicher Existenz, ein Spiegel von Armut und Wohlstand, vermittelte Glück und erregte Ekel, förderte Gemeinschaft und Individuation, stiftete Krieg und Frieden, setzte Zeichen der Liebe und des Hasses, diente als Integral des Alltags und des Festtags, fungierte als Herrschaftsinstrument und Sozialisationsmittel, Medium und Experimentierfeld sinnlicher, sozialer und ästhetischer Erfahrungen oder Sehnsüchte. Nicht zuletzt ist das Essen von jeher auch ein besonderer Modus der Lebensbejahung (affirmatio vitae) gewesen, wie außer der Geschichte der Feste und der Künste die zahlreichen Mythen (Religionen) klarmachen, in denen, der biblischen Erzählung vom Sündenfall vergleichbar, Essen und Erkennen in ihrem Ursprung miteinander verknüpft sind.

Kleinkinder machen durch ihre Gewohnheit, unbekannte Gegenstände zur prüfenden Erkenntnis in den Mund zu nehmen, deutlich, dass Erkennen und Essen an einen identischen Körper gebundene analoge Aneignungshandlungen sind, die nicht vertreten werden können. Ein kurzer, gegen höfische Schauessen gerichteter Fabeltext des 18. Jahrhunderts stellt diese Nichtvertretbarkeit des Menschen beim Essen und ihre politische Brisanz anschaulicher als manche umfangreiche Abhandlung dar:

Wir haben gegessen

Am Geburtstag eines jungen Adlers gab König Adler seiner Familie ein großes Mahl und lud alles Heer des Himmels zu diesem Freudenfest ein. Ehrerbietig warteten Tausende von Vögeln bei seiner Tafel auf, bewunderten den Reichtum der Speisen und noch mehr die heroischen Verdauungskräfte ihres Königs. „Wir", sprach endlich der gesättigte Adler zu dem zuschauenden Volk, „wir haben gegessen." „Wir aber nicht", zwitscherte ein von Heißhunger geplagter Sperber. „Ihr seid", erwiderte der erhabene Monarch, „mein Staat, ich esse für euch alle."[6]

In eins mit der Unvertretbarkeit des Essens stellt dieser kleine Text in der Gleichzeitigkeit von Nahrungsmangel, Nahrungsüberfluss und Nahrungsver-

---

[5] Zum folgenden vgl. Alois WIERLACHER: *Internationalität und Interkulturalität.* In: Wie international ist die Literaturwissenschaft? Methoden- und Theoriediskussion in den Literaturwissenschaften: Kulturelle Besonderheiten und interkultureller Austausch am Beispiel des Interpretationsproblems (1950-1990). Hrsg. von Lutz Danneberg und Friedrich Vollhardt in Zusammenarbeit mit Hartmut Böhme und Jörg Schönert. Stuttgart/ Weimar 1996, S. 550-590.

[6] Karl Friedrich Freiherr von MOSER: *Wir haben gegessen.* In: Deutsche Fabeln des 18. Jahrhunderts, hrsg. von Manfred Windfuhr. Stuttgart 1969, S. 83.

weigerung ein Grundproblem auch der gegenwärtigen Welt vor, auf das Grass in seinem Werk häufig zurück kommt und über dessen Bedeutung für die Entwicklung der thematischen Konstanz seines Werkes er in seinem jüngsten Roman *Beim Häuten der Zwiebel* hinsichtlich des Hungers biographische Auskunft gibt. Inspirator war demnach die Mangelerfahrung im amerikanischen Kriegsgefangenenlager nach 1945. Sie brachte den späteren Autor auf das Thema, trieb ihn „in einen abstrakten Kochkurs" (S. 202), in dem er dem lehrenden Chefkoch höchst aufmerksam zuhörte, der mit verbaler und zeichnerischer Imagination dem fiktionalen Nichts der Speisen Geschmack abgewann (S. 204), Luft zu sämigen Suppen rührte (S. 204) und sich die Gefangenen der „kulinarischen Betäubung des nagenden Hungers überließen (S. 213). Auch in seiner Dankesrede auf die Verleihung des Nobelpreises berührt er das Thema: „Herzen können verpflanzt werden. Drahtlos telefonieren wir rund um die Welt. Satelliten und Raumstationen umkreisen uns fürsorglich. Waffensysteme sind, infolge gepriesener Forschungsergebnisse, erdacht und verwirklicht worden, mit deren Hilfe sich ihre Besitzer vielfach zu Tode schützen können. Was alles des Menschen Kopf hergibt, hat seinen erstaunlichen Niederschlag gefunden. Nur dem Hunger ist nicht beizukommen. Er nimmt sogar zu."

Versteht man dieses Memo im Sinne Axel Honneths als Aufforderung zur Anerkennung der sozialen Grammatik des Essens und seiner Zubereitung, dann sehen sich alle Kulturwissenschaften auch und vor allem in einer Überflussgesellschaft mit der Aufgabe konfrontiert, sich mit ihren diskursiven Mitteln und in Kooperation mit der Literatur in notwendiger Ergänzung der Ernährungswissenschaften dem Nachdenken über den Nahrungsmangel und die enorme Bedeutung des Genusses im Alltag und Festtag zu widmen. Die Kulinaristik ist aus diesem Grund sowohl Teil als auch Ausdruck und Variante der *Kultur- und Lebenswissenschaften.*

Zur neueren Kulturforschung des Essens

Philosophie und poetische Literatur wissen seit langem, dass sich Kulturen nicht nur über Rechts- und Wirtschaftsordnungen, sondern auch über ihre Geschmacksbegriffe und Essenordnungen definieren. Nietzsche sieht in Essenordnungen „Offenbarungen über Kulturen", rechnet das Essen zu den „allernächsten Dingen" menschlicher Existenz und führt Beschwerde darüber, dass man es nicht zum Gegenstand unbefangenen und allgemeinen Nachdenkens mache: „Man sage nicht, es liege hier wie überall an der menschlichen Unvernunft [...]. Vernunft genug und übergenug ist da, aber sie wird falsch gerichtet und künstlich von jenen kleinen und allernächsten Dingen abgelenkt"[7]. Goethe bestimmt ausgerechnet im *Tasso* als „erste Pflicht des Menschen, Speis' und Trank/ Zu wählen, da ihn die Natur so eng/ Nicht wie das Tier beschränkt" (V,1). Grass hält Essen und Ernährung für das existentiell wichtigste Thema.[8] Zahlreiche weitere Autoren, unter ihnen Gottfried Keller, Theodor Fontane, Adalbert Stifter, Thomas Mann, Franz Kafka, Joseph Roth und Heinrich Böll, gehören in diese literarischen Anerkennungs-Reihe, die sich bis in die jüngste Zeit verlängern ließ, ich verweise nur auf Dietrich Krusche und seine Darstellung der nazistischen Perversion der sozialhistorischen Institution des Streuselkuchens (in *Stimmen im Rücken*).

Im Anschluss an diese Kenntnisbestände ist der Aufbau einer wissenschaftlichen Essenforschung in den letzten zwei Dekaden vom sanften Rückenwind der Veränderung der Geisteswissenschaften zu Kulturwissenschaften beflügelt worden. Die alte Abneigung der Geisteswissenschaft gegen die Technik und die Körperlichkeit menschlicher Existenz, von der ja auch das Handwerk des Kochs lebt, hat man weithin ebenso hinter sich gelassen wie die Praxisverachtung und den vielschichtigen Dualismus von Körper und Geist.

Das war vor einer Generation noch anders. Vor allem in den sprach- und textbezogenen Wissenschaften, aber auch in der Medizin, in der Philosophie und in den Ernährungswissenschaften hielt man die Befassung mit der Kulturalität des Essens eher für wissenschaftsunwürdig, alltäglich und banal (der Verfasser hat all diese Vorurteile in der Wissenschaftskommunikation am eigenen Leib erfahren). Erst die zunächst über die auslandsphilologische Perspektive in Gang gebrachte Grundlegung einer interkulturell orientierten Germanistik als einer Kulturwissenschaft[9] hat in Deutschland das fundierte fächerübergreifende Nachdenken über das Kulturthema Essen auch in den Geisteswissenschaften möglich gemacht,[10] während Nachbarwissenschaften wie die Soziologie und Verhaltensforschung bereits eine lange Forschungstradition aufweisen: Georg Simmel und Norbert Elias haben ihre wegweisenden Aufsätze schon vor zwei Generationen

---

[7] Friedrich NIETZSCHE: *Menschliches, Allzumenschliches*. In: Werke in drei Bänden, hrsg. von Karl Schlechta. Bd. 1, München 1960, S. 875.

[8] Vgl. *Pfeffer und Salz*. Das aktuelle Interview mit Günter Grass. In: Essen und Trinken 10, 1977, S. 76.

[9] Vgl. Hermann BAUSINGER: *Germanistik als Kulturwissenschaft*. In: Jahrbuch Deutsch als Fremdsprache 6 (1980), S. 17-31; ders.: *Da capo: Germanistik als Kulturwissenschaft*. In: Jahrbuch Deutsch als Fremdsprache 25 (1999), S. 213-231.

[10] Vgl. Trude EHLERT: *Ein neuer Forschungsschwerpunkt: Kulturwissenschaft des Essens*. Symposion zum „Kulturthema Essen" in Selb vom 24.-26.05.1989. In: Jahrbuch Deutsch als Fremdsprache (Intercultural German Studies) 15 (1989), S. 464-468; Alois Wierlacher/ Gerhard Neumann/ Hans Jürgen Teuteberg (Hg.): *Kulturthema Essen. Ansichten und Problemfelder*. Berlin 1993.

geschrieben.[11] Ein außerordentliches und hier anzuführendes Resultat dieser neue Kulturwissenschaft ist der 1994 vom Verfasser zusammen mit Gerhard Neumann, Horst Kühne und anderen gegründete, bis heute lebendige und in Deutschland einzigartige *Internationale Arbeitskreis für Kulturforschung des Essens.*[12]

Auf die neue, aus der interkulturellen Germanistik herausgewachsene Literatur- und Kulturwissenschaft des Essens[13] hat kürzlich der Wissenschaftsrat in einer seiner Empfehlungen verwiesen.[14] Eine Kultur- und Literaturwissenschaft des Kochens und der Küche, verstanden als Arbeitsplatz, ist dagegen nach wie vor ein Desiderat,[15] obgleich die europäische und speziell die deutsche Literatur seit Homer nicht nur das Essen, sondern, allerdings in geringerem Umfang, auch das Kochen immer wieder thematisiert. Aufgrund der öffentlichen Rechtstellung der Geschlechter wirkte Jahrhunderte lang im Privatleben die Köchin, in der Öffentlichkeit der Politik oder eines Hotels dagegen der Koch. Diese Differenzierung schwächt sich erst seit Ende des 20. Jahrhunderts langsam ab.

Zu den in den Augen des Verfassers bedeutungsvollsten Darstellungen eines Kochs in der Literatur der Moderne gehört die Erzählung *Napoleon* von Carl Sternheim. Doch weder dieser Text noch Grass' Darstellungen der Köchinnen und Köche sind in der Forschung Gegenstand eines breiten Diskurses geworden, obwohl sich Grass' Charakterisierung der Köche und Köchinnen sehr von der überlieferten Figurengeschichte des ungebildeten, geschwätzigen und letztlich lebensfeindlichen Kochs, der auch den anthropologischen und kulturellen Sinn der Interdependenz von Essen und Reden nicht versteht, unterscheidet. In Opposition zum Auftritt der schwarzen Köchin der Lebenszerstörung am Ende des Romans *Die Blechtrommel* erscheint die Großmutter zu seinem Anfang im Sinne des mythischen Konzepts der Großen Mutter und des ursprünglichen Kon-

---

[11] Vgl. Georg SIMMEL: *Soziologie der Mahlzeit* [1910]. In: ders.: Brücke und Tür. Essays des Philosophen zur Geschichte, Religion, Kunst und Gesellschaft. Im Verein mit Margarete Susman hrsg. von Michael Landmann. Stuttgart 1957, S. 243-250; Norbert Elias: *Über das Verhalten beim Essen* [1939]. In: ders.: Der Prozeß der Zivilisation. Bd. 1. Frankfurt 1978, S. 110-174.

[12] Zu seinen wichtigsten Publikationen gehören die Bücher *Essen und Lebensqualität. Natur- und kulturwissenschaftliche Perspektiven* (Frankfurt 2001, herausgegeben von Gerhard Neumann, Alois Wierlacher und Rainer Wild) und *Geschmackskulturen. Vom Dialog der Sinne beim Essen und Trinken* (Anm. 20).

[13] Vgl. Alois Wierlacher: *Zur Begründung einer interdisziplinären Kulturwissenschaft des Essens*/ Gerhard Neumann: *,Jede Nahrung ist ein Symbol'. Umrisse einer Kulturwissenschaft des Essens.* In: Kulturthema Essen, a.a.O. S. 1-21 und S. 385-444.

[14] Vgl. die *Empfehlungen* vom November 2006 (Ders. 7618-06).

[15] Anders dagegen schon vor zwanzig Jahren: Eva BARLÖSIUS/ Wolfgang MANZ: *Der Wandel der Kochkunst als genußorientierte Speisegestaltung.* In: Kölner Zeitschrift für Soziologie und Sozialpsychologie 40 (1988), S. 706-727.

zepts der Kultur in uralter Geste der Lebens- und Kulturstiftung als Köchin auf dem Acker.[16] Von Oskars Vater Alfred Matzerath heißt es im Text, er habe Gefühle in Suppen verwandeln können, und 1972 konnte man in *Aus dem Tagebuch einer Schnecke* die Ankündigung des *Butt* lesen: „Ein erzählendes Kochbuch" will Grass schreiben, „über 99 Gerichte, über Gäste und Menschen als Tiere, die kochen können". Alle drei Arten des Kochens hat Grass in seine Texte eingestaltet; das tägliche Kochen als Hungerstillung vor allem in der Familie ebenso wie das gelegentliche Hobby-Kochen innerhalb und außerhalb der Familie und das professionell-berufliche Kochen, das dem Zweck dient, Geld zu verdienen.[17]

Zum Bedarf an kulinarischer Kompetenz und Genussfähigkeit

Kulinarisch Gebildete wissen, dass der individuelle menschliche Geschmack, abgesehen von der physiologischen Interdependenz der Sinne, eine kulturell geprägte Dimension besitzt und dass das Essen, vor allem das gemeinsame Essen, ein Code der Kommunikation ist, der durch keinen anderen ersetzt werden kann.[18] Diplomaten und Kaufleute haben immer schon gewusst, dass aus diesem Grund dem gemeinsamen Essen auch in der interkulturellen Kommunikation eine besondere Bedeutung zukommt, die auch eine besondere kulinarische Kompetenz verlangt, die es auszubilden gilt. Weder der Geschmack noch der Genuss sind bloß orale Kategorien, sondern mehrdimensionale und mehrwertige Wahrnehmungskategorien und als sinnliche Erkenntnismittel ins Netzwerk der Sinne eingebunden.[19] Das Wort *Genuss* verweist im Deutschen auf das Wort *Genosse;* die Semantik dieses Begriffes spiegelt die oben schon betonte Dialogqualität menschlicher Existenz. Niemand setzt sich darum gern mit Menschen, die man nicht mag, an einen Tisch, weil die Dingsymbolik des Tisches eine symmetrische Beziehung aufdrängt, die vorab von den Handelnden gebilligt sein will, man vergleiche die kulturelle Regel des Tischverständnisses als Raum der privacy. Manche außereuropäischen Kulturen vermeiden darum überhaupt die Tische. Sitzen Menschen mit mehreren Personen an einem Tisch, dann lassen

---

[16] Vgl. Alois WIERLACHER: *Vom Essen in der deutschen Literatur. Mahlzeiten in Erzähltexten von Goethe bis Grass.* Stuttgart 1987, S. 196 ff.

[17] Vgl. Jean-Claude KAUFMANN: *Kochende Leidenschaft. Soziologie vom Kochen und Essen.* Konstanz 2006.

[18] Vgl. Alois WIERLACHER: *Kultur und Geschmack.* In: ders./ Andrea Bogner (Hg.): Handbuch interkulturelle Germanistik. Stuttgart 2003, S. 165-175.

[19] Vgl. Alois WIERLACHER: *Was heißt, die Augen essen mit?* Kulturwissenschaftliche und naturwissenschaftliche Betrachtungen über die Rolle des Sehsinns beim Essen. In: Dietrich von Engelhardt/ Rainer Wild (Hg.): Geschmackskulturen. Vom Dialog der Sinne beim Essen und Trinken. Frankfurt 2005, S. 129-143.

sie in aller Regel, auch im Kontext der besonderen kommunikativen Aufgaben eines Familientisches, aus wohlverstandenem Eigeninteresse (wie schon die Gastrosophen des neunzehnten Jahrhunderts anrieten) die Eigenheit der anderen wechselseitig gelten *(Treffen in Telgte)*. Auf diese Weise wird der Genuss zur Quelle einer Toleranzfähigkeit, ohne die das Zusammenleben der Menschen gar nicht möglich ist – Grass hat die Toleranzfrage denn auch mehrfach zum Thema seiner Reden gemacht.[20]

Die Befassung mit dem Essen und dem Kochen wird dringlich, wenn man unter Gesichtspunkten unserer Zukunftsfähigkeit bedenkt, dass zu Anfang des 21. Jahrhunderts nicht mehr nur kulturspezifische Normen und das Geflecht von symbolischen Bedeutungen, in denen Menschen im Rahmen von Makro-, Regional- und Subkulturen ihre Erfahrungen interpretieren, mitbestimmen, was als Lebensmittel angesehen, zum Verzehr zubereitet und aus welchem Anlass, in welcher Situation, wie, warum und mit wem gegessen wird, sondern auch die Nahrungsmittelindustrie: das Wort ‚Geschmack' bezeichnet infolge der nahrungsmitteltechnologischen Entwicklung mittlerweile sowohl eine komplexe, physiologisch und kulturell geprägte Sinnesfähigkeit als auch ein industriell hergestelltes Produkt.

Im Licht dieser interessen- und widerspruchsvollen Großwetterlage erscheint die Gründung einer privatrechtlich verfassten, der Erhellung der Interdependenz von Wissenschaft, lebensweltlicher sowie beruflicher Praxis – insbesondere im Gastgewerbe – gewidmeten Institution wie der *Deutschen Akademie für Kulinaristik* (2000)[21] als eine kultur- und wissenschaftspolitische Notwendigkeit. Im Zeitalter der anhaltenden Globalisierung auch der Nahrungsmittelproduktion ist eine zu guter Praxis befähigende kulinarische Kompetenz als Vorbedingung einer wenigstens gewissen Selbstbestimmung auch breiter Bevölkerungsschichten bei der Nahrungswahl unerlässlich geworden.[22] Diese Kompetenz lässt sich nur über eine kulinarische *Bildung* aufzubauen, die als kritische Selektionsfähigkeit aus dem Uferlosigkeit von Angeboten und Informationen praktisch wird[23] und die die Zeitgenossen befähigt, wenigstens in Grundzügen

[20] Vgl. Alois WIERLACHER: Günter Grass: *Über die Toleranz*. In: Signaturen der Gegenwartsliteratur. Festschrift für Walter Hinderer. Würzburg 1999, S. 113-124; erweitert unter dem Titel *Günter Grass' Toleranz-Reden* in: Alois Wierlacher (Hg.): Kulturthema Kommunikation. Möhnesee 2000, S. 335-344; vgl. Alois WIERLACHER: *Kulturthema Toleranz. Zur Grundlegung einer interdisziplinären und interkulturellen Toleranzforschung*. München 1996; ders: Wolf Dieter Otto (Hg.): *Toleranztheorie in Deutschland 1949-1999*. Tübingen 2002.

[21] Vgl. Alois WIERLACHER: *Deutsche Akademie für Kulinaristik*. In: Deutsche Wirtschafts-Chronik. Ausgabe Innovationsstandort Bayern. München 2005, S. 518-521.

[22] Vgl. Alois WIERLACHER (Hg.): *Jahresprogramm 2005 der Deutschen Akademie für Kulinaristik*. Bremen 2005.

[23] Vgl. Hubert MARKL: *Gegen Information hilft nur Bildung*. In: Merkur 53 (1999), S. 1072-1083.

über sich selbst und ihre soziokulturelle Umgebung Auskunft zu geben und dabei doch für divergierende Ansichten, Formen, Interessen auch der Esskulturen offen zu bleiben. So gesehen, wird alles Fachwissen erst durch Bildung fruchtbar, und diese ist eo ipso ein Stück kultureller und politischer Bildung.

Ein konstitutives Element dieser Bildung ist eine kulinarische Sprache. Menschen vollziehen die Beteiligung an anspruchsvollen öffentlichen Aufgaben in aller Regel über ihre Muttersprache. Jede lebendige Sprache ist Teil einer geschichtlich gewachsenen Region. Erst die Aktualisierung dieser Verknüpfung eröffnet praktische Teilhabe am Leben einer Gesellschaft. Die Wissenschaften werden sich darum in den kommenden Jahren im übergeordneten Kontext der europäischen Einigung, der Globalisierungsprozesse und der weiteren Technologisierung des Alltagslebens menschlicher Existenz der Herausforderung stellen müssen, das kulinarische und kulinaristische Sprach- und Kulturwissen zu fördern sowie im eigenen Interesse dem Prinzip der Mehrsprachigkeit die nötige Resonanz und Geltung zu verschaffen, also in Ergänzung der lingua franca des Englischen und der traditionellerweise französischen Küchensprache unter anderen auch eine deutsche kulinarische Sprache zu schaffen, die als solche zugleich mehr ist als eine nationalkulturelle Sprechweise oder ein Abklatsch des geisteswissenschaftlichen Jargons früherer Jahrzehnte.

Als Beleg für den Bedarf an dieser Sprachkompetenz und kulinarischem Wissen zugunsten kultureller Selbstbestimmung sei hier nur auf die Auseinandersetzungen innerhalb der Europäischen Union um die Anerkennung der kulturellen Signatur von Speisen und Getränken[24] oder auf die Rolle des Essens in der kulturellen Selbstbehauptung nationaler Selbstverständnisse in Japan[25] verwiesen. Diese Kämpfe sind identitätspolitisch relevant, weil Speisen in ihrer authentischen, also auch verbürgten Qualität ebenso wie Mahlzeitenkonzepte Traditionen stiften und auf diese Weise das Selbstverständnis und die kollektiven Verhaltensweisen der Menschen prägen und zugleich Sicherheit für die Selbstverständnisse und Lebensart der Menschen und deren alltagssoziologische Basis liefern; verwiesen sei beispielsweise auf die Biergärten oder auf den kulturellen Stellenwert der ‚Spätzle', für dessen Pflege im Jahre 2002 sogar ein eigenes *Colloquium* gegründet wurde, das sich zur Aufgabe gemacht hat, schwäbische Leitkultur am Leben zu erhalten.

---

[24] Vgl. Rudolf STREINZ: *Das deutsche und europäische Lebensmittelrecht als Ausdruck kultureller Identität?* In: Hans Jürgen Teuteberg, Gerhard Neumann und Alois Wierlacher (Hg.): Essen und kulturelle Identität. Europäische Perspektiven. Berlin 1997, S. 103-112.

[25] Vgl. Irmela HIJIYA-KIRSCHNEREIT (Hg.): *Essen und Ernährung im modernen Japan.* In: Japanstudien 12 (2000), S. 9-297.

Zur Anerkennungsbefugnis der Akademie

Mit dem Anzuerkennenden steht, so wurde oben betont, eo ipso die anerkennende Person oder Institution zur Diskussion, weshalb ergänzend zu fragen sei, ob die Akademie im Sinne der rechtlichen und philosophischen Anerkennungsbedingungen eine anerkennungsbefugte Instanz sei. Die Antwort darf hier kurz ausfallen. Die Deutsche Akademie für Kulinaristik zählt angesehene Wissenschaftlern verschiedener Fächer, Gastronomen und kulinaristisch ausgewiesenen Personen aus anderen Berufsfeldern zu ihren Mitgliedern; viele Mitglieder des angeführten Arbeitskreises wirken in der Akademie mit. Ein vergleichbares Kompetenzzentrum gibt es in Deutschland nicht. Im selben Jahre 1977, in dem Grass seinen Roman *Der Butt* herausbrachte, legte der für die Preisverleihung verantwortliche Vorsitzende der Akademie den ersten Beitrag seiner Veröffentlichungen zum Thema Essen vor: *Der Diskurs des Essens und Trinkens in der neueren deutschen Erzählliteratur. Zur Literaturwissenschaft eines „sozialen Totalphänomens"*[26]. Nach mehreren weiteren Aufsätzen erschien 1987 das Buch *Vom Essen in der deutschen Literatur. Mahlzeiten in Erzähltexten von Goethe bis Grass* (Stuttgart); es war die erste monographische Publikation zu diesem Thema in Deutschland überhaupt. 1989 folgte ein interdisziplinäres Symposium als Auftakt einer interdisziplinären Kulturwissenschaft des Essens (*Kulturthema Essen* 1993), 1994 die Gründung des erwähnten Arbeitskreises[27]; der Verfasser hat ihn zusammen mit Gerhard Neumann und Rainer Wild bis zum Frühjahr 2006 auch geleitet.

Im Jahre 2000 gelang in Kooperation mit dem renommierten Hotelier Andreas Pflaum die Gründung der *Akademie*. ‚Message' ist die Erkenntnis, dass das Kulturphänomen Essen als individueller und kollektiver, privater und öffentlicher Verhaltens-, Kommunikations-, Wert-, Symbol- und Handlungsbereich den ganzen Menschen betrifft. Entsprechend wird unter ‚Kulinaristik' eine mehrdimensionale Wissenschaft verstanden, die das Ziel verfolgt, das ‚Totalphänomen' in Forschung und Lehre zu verdeutlichen und mittels wissenschaftlicher Weiterbildung auch die wechselseitige Aufklärung von Theorie (Wissenschaft), lebensweltlicher und beruflicher Praxis über seine Rolle und Funktion für den einzelnen Menschen und in den Verständigungsprozessen unter den

---

[26] Es folgten 1979 die von Herbert Heckmann vorgelegte und kommentierte Anthologie *Die Freud' des Essens. Ein kulturgeschichtliches Lesebuch vom Genuß der Speisen, aber auch vom Leid des Hungers.* München 1979 sowie Gerhard NEUMANN: *Das Essen und die Literatur* (In: Literaturwissenschaftliches Jahrbuch N.F. 23, 1982, S. 173-188).
[27] Zu seinen wichtigsten Publikationen gehören die Bücher *Essen und Lebensqualität. Natur- und kulturwissenschaftliche Perspektiven* (Frankfurt 2001, herausgegeben von Gerhard Neumann, Alois Wierlacher und Rainer Wild) und *Geschmackskulturen. Vom Dialog der Sinne beim Essen und Trinken* (Anm. 20).

Menschen. Das Verhältnis von wissenschaftlicher Theorie und beruflicher Praxis wird nicht als Einbahnstraße des Wissenstransfers, sondern als Lernprozess aller Partner, die Akademie selbst als lernendes System im Sinne des lebensbegleitenden Lernens gedacht. Da nur in der Zusammenführung der Wissensbestände und der Bündelung der Kompetenzen auch das Orientierungswissen geschaffen werden kann, das unsere Gegenwart im Kontext sowohl des Hungers in der Welt auch des der industriellen Nahrungsmittelwirtschaft dringend benötigt, wurde die Akademie von Anfang an als Netzwerk von Lehre, Forschung und Praxis im Sinne einer *Corporate University* gebaut. Zu den Partnern zählen Hochschulen des In- und Auslands, Fachgebiete verschiedener Universitäten, Hotels und Institutionen der nationalen und internationalen Kulturarbeit, unter ihnen das Deutsche Historische Museum (Berlin).

Den Neologismus *Kulinaristik* findet man noch in keinem Wörterbuch; der Verfasser hat den Ausdruck geprägt (abgeleitet von lat. *culina* = die Küche), um einen Begriff zur Verfügung zu stellen, der geeignet ist, sowohl die Komplexität des Gegenstandes unverkürzt ins Wort zu fassen als auch von einer breiteren Öffentlichkeit verstanden zu werden. Wie die bisherige Erfahrung zeigt, sind beide Annahmen gerechtfertigt.

Die Akademie und ihr Preis

Am 24. Januar hatte 2004 beschloss die Mitgliederversammlung der Akademie, einen Großen Preis ins Leben zu rufen und ihn in Würdigung ihres ‚Jahrhundertkochs' und Gründungsmitglieds Eckart Witzigmann *Internationaler Eckart Witzigmann-Preises der Deutschen Akademie für Kulinaristik* zu benennen. Der Preis dient im Sinne des Gemeinnützigkeitsrechts dem Zweck, die Akademie als hochschulische Einrichtung auf dem Weg über die jährliche Auszeichnung von Personen und Institutionen bekanntzumachen, die sich auf nationaler und internationaler Basis um die Essenordnungen im Allgemeinen und um die Kochkunst im Besonderen verdient gemacht haben. Das Protokoll der Sitzung weist die Zustimmung des Namensgebers aus und deutet auch die leitende Begründung an: Dem großen Ethnologen Claude Levi-Strauss zufolge begann die menschliche Kultur nicht mit der Verführung Adams durch Eva oder mit der Entwicklung der Schrift, sondern mit der Entdeckung des Feuers und der nachfolgenden Unterscheidung des Rohen vom Gekochten. Als man die Nahrung nicht mehr wie die Tiere generell roh aß, sondern zubereitete, begann die Ausdifferenzierung der cultura humana. Köche oder Köchinnen erscheinen in dieser Darstellung als handwerksmeisterliche Kulturstifter; die Perversion ihrer Tätigkeit im öffentlichen oder privaten Raum heißt immer Kulturzerstörung, man vergleiche den Bau des Romans *Die Blechtrommel* und die Eröffnung des Romans *Der Butt*.

Am 23. April 2005 trug der Verfasser des vorliegenden Beitrags und damalige Vorsitzende der Akademie Günter Grass schriftlich die Ehrung an. In seinem Antwortschreiben vom 2. Mai 2005 nahm Grass das Angebot als „inspirierend" an und gratulierte dem Vorsitzenden „zu der Idee, eine Akademie für Kulinaristik zu begründen". Grass reagierte also im Sinne der Anerkennungslehre mit einer reziproken Anerkennung der Kulinaristik. Bei der Lektüre der Urkunde am 3. Oktober 2005 stellte Grass zustimmend fest, er fühle sich verstanden. Akademie und Autor wurden mit der Zuerkennung und Annahme des Preises wechselseitig erkannt, gewürdigt und vertrauensgeleitet in Beziehung zu einander gesetzt.

Der Text der Urkunde

Die Deutsche Akademie für Kulinaristik verleiht hiermit Herrn Günter Grass ihren Internationalen Eckart Witzigmann-Preis in der Kategorie ‚Literatur, Wissenschaft und Medien'.

Günter Grass ist der einzige deutschsprachige Schriftsteller der Gegenwart, der das Kulturthema Essen immer wieder zu einem bevorzugten Gegenstand seiner künstlerischen Arbeit gemacht hat. Von Die Blechtrommel *über* Der Butt *bis hin zu Gedichten wie* Im Ei *oder* Die Schweinekopfsülze *und zahlreichen Radierungen hat Günter Grass im Sinne der Akademie die anthropologische, kommunikative und symbolische Bedeutung des Essens sowohl im Aufbau der Kultur(en) als auch in der Verständigung zwischen den Menschen und im Leben des Einzelnen ansichtig gemacht.*

Ebenso spielen im Gesamtwerk von Günter Grass die Handlungsfiguren des Kochs und insbesondere der Köchin als Kulturstifter eine herausragende Rolle.

Unermüdlich hat Günter Grass auch die Grundbedingung aller Kulinaristik, den Kampf gegen den Hunger in der Welt, thematisiert.

Die Akademie beglückwünscht Günter Grass zu dieser herausragenden Leistung und gibt mit der Preisverleihung ihrer Anerkennung Ausdruck.

„Annähernd schottisch", „Berliner Spezialitäten", typisch französisch

Kulinarische Finessen in *Ein weites Feld*

Dorothee Römhild, Osnabrück

> „es wird so wenig gegessen in der deutschen Literatur, wie
> wenig darin gewohnt wird, es wird kaum von Geld gere-
> det, viel gehungert, auch von der Luft gelebt, und dann die
> fürchterliche Sitte, das Essen schweigend einzunehmen"[1]
>
> Heinrich Böll: Frankfurter Vorlesungen, 1964

In seinen *Frankfurter Vorlesungen*, wo er einer noch zu schreibenden „Ästhetik des Humanen" das Wort redet, hat Heinrich Böll bereits im Jahr 1964 darüber geklagt, dass „so wenig gegessen" werde „in der deutschen Literatur"[2], wie da-rin zu wenig vom Alltag, und ein Jahr später in seinem Essay *Heimat und keine*, von „Heimat"[3], „Heimat-Assoziationen" und deren sinnlicher Vergegenwärti-gung in sentimentalen Erinnerungsprozessen die Rede ist: Die jederzeit abrufba-re Erinnerung des Körpergedächtnisses an „den bitteren Geruch von Rohkakao"[4] beispielsweise, wie er den jungen Böll regelmäßig auf seinem Schulweg beglei-tet hat, an den Geschmack vom *Brot der frühen Jahre*[5], den Geruch von „frisch gebackenem Kuchen [...] Braten und heißem Schmalz"[6] – für den Nachkriegs-schriftsteller Heinrich Böll ist dieses Phänomen, das wir vermutlich alle kennen, der Dreh- und Angelpunkt seiner literarischen Auseinandersetzung mit der deut-schen Vergangenheit und zugleich der Dreh- und Angelpunkt seiner utopischen Entwürfe vom Menschen. Dass hier keineswegs ein deutscher, sondern ein fran-zösischer Autor, nämlich Marcel Proust mit seinem siebenteiligen Romanzyklus *Auf der Suche nach der verlorenen Zeit* (1913-1927) Pate gestanden hat, ist einer Textstelle aus Bölls Roman *Gruppenbild mit Dame* (1971) zu entnehmen:

---

[1] Heinrich BÖLL: *Frankfurter Vorlesungen* (1964), in: H. B.: Heimat und keine. Schriften und Reden 1964-1968. München 1985, S. 74.
[2] Ebd.
[3] Heinrich BÖLL: *Heimat und keine* (1965), in: H. B.: Heimat und keine. Schriften und Reden 1964-1968. München 1985, S. 109.
[4] Ebd.
[5] So der Titel der bekannten Erzählung aus dem Jahr 1955, in: Heinrich Böll Werke. Romane und Erzählungen 2. Hrsg. von Bernd BALZER. Köln 1987, S. 655-746.
[6] Ebd., S. 666.

Was Leni G., „Trägerin der Handlung"[7] und verkanntes „Genie der Sinnlichkeit"[8], dort widerfährt, ist der sentimentalen Vergegenwärtigung lang verschollener Erinnerungen vergleichbar, wie sie der Proustsche Erzähler *Auf der Suche nach der verlorenen Zeit* seiner Kindheit in jener legendären Schlüsselszene, nämlich beim Verzehr des traditionellen französischen Teegebäcks mit dem sprechenden Namen ‚Madeleine' erlebt. So wie sich letzterem, veranlasst durch den bloßen Geschmack „eines jener dicken ovalen Sandtörtchen [...], die man ‚Madeleine' nennt"[9], die Logik der Zeit aufhebt, und er sich unmittelbar wieder in seiner Jugendzeit befindet[10], erkennt Lenis rechter Fuß morgens beim Brötchenholen „eine kleine Unebenheit auf dem Straßenpflaster wieder [...], die er – der rechte Fuß – vor vierzig Jahren, als Leni dort mit anderen Mädchen Hüpfen spielte, zum letzten Mal erfaßt hatte"[11]. In beiden Fällen wird Vergangenheit geradezu körperlich, d.h. mit allen Sinnen erfahren und so in einem einzigen Moment wieder restlos gegenwärtig.

Ein vergleichbares Konzept der Vergegenwärtigung des Vergangenen, und damit komme ich zum Thema meines Vortrags, liegt auch Grass' Roman *Ein weites Feld* (1995) zugrunde. Und das ist meines Erachtens kein Zufall, geht es darin doch um die alltagsnahe Verspiegelung zweier Jahrhunderte ineinander, um die Verlebendigung des Schriftstellers Theodor Fontane, der hier in Gestalt der Kunstfigur Fonty alias Theo Wuttke zeitversetzt im 20. Jahrhundert wieder auftaucht und dessen Leben, Werk und Zeitgenossenschaft, wie ich noch zeigen werde, zu einem anderen Ende hin fortgeschrieben werden. Dass dabei auch kulinarische Finessen und Motivkomplexe eine zentrale Rolle spielen, ist bei dieser Konstellation – Fontane als Gegenstand und Grass als Autor des Romans – keineswegs verwunderlich.

Bereits in der *Blechtrommel*, Grass' Romandebüt aus dem Jahr 1959, sind Mahlzeiten und Nahrungsmittel von tragender Bedeutung: Man denke an Oskars Großmutter auf dem Kartoffelacker, an Matzerath, der als „passionierter Koch

---

[7] Heinrich BÖLL: *Gruppenbild mit Dame* (1971), in: Werke. Romane und Erzählungen 3. Hrsg. von Bernd Balzer. Köln 1987, S. 618.

[8] Ebd., S. 646.

[9] Marcel PROUST: *Auf der Suche nach der verlorenen Zeit.* In Swanns Welt I (A la recherche du temps perdu. Du côté de chez Swann. Paris 1961), Frankfurt a. M. 1964, S. 63.

[10] Wörtlich heißt es dort: „In der Sekunde nun, als dieser mit dem Kuchengeschmack gemischte Schluck Tee meinen Gaumen berührte, zuckte ich zusammen und war wie gebannt durch etwas Ungewöhnliches, das sich in mir vollzog [...]. Und dann mit einem Male war die Erinnerung da. Der Geschmack war der jener Madeleine, die mir am Sonntagmorgen [...] meine Tante Léonie anbot. [...] Sobald ich den Geschmack jener Madeleine wiedererkannt hatte [...], trat das graue Haus mit seiner Straßenfront hinzu [...], und mit dem Hause die Stadt, der Platz, auf den man mich vor dem Mittagessen schickte, die Straßen [...], die Wege, die wir gingen, wenn schönes Wetter war" (ebd., S. 63-67).

[11] Heinrich BÖLL: *Gruppenbild mit Dame.* In: Werke 3 (1987), S. 623.

[...] Gefühle in Suppen zu wandeln verstand"[12], an das legendäre Aalessen[13] und den damit symbolisch verknüpften Suicid der Agnes Matzerath, Oskars über alles geliebter Mutter, die an einer selbst inszenierten Fischvergiftung stirbt. Spätestens aber mit Erscheinen des *Butt*-Romans (1977), der die Geschichte der Menschheit von der Jungsteinzeit bis in die Gegenwart der siebziger Jahre als Ernährungs- und Beziehungsgeschichte erzählt und – ich erinnere an den Eröffnungsvortrag von Volker Neuhaus – von „Menschen als Tiere, die kochen können"[14] handelt, und aktueller noch, mit Erscheinen der Autobiographie *Beim Häuten der Zwiebel* (2006) ist der große Zusammenhang von Essen, Mahlzeiten, Kochen und Erinnern in Grass' Lebensprojekt: *Schreiben gegen die verstreichende Zeit*[15] unübersehbar geworden.

Ebenfalls in den Werken Fontanes, in denen ja bekanntlich mehr geredet als gehandelt wird, spielen, wenngleich nicht das Kochen selbst, so doch die Mahlzeit, das Essen als Vorgang, als kommunikativer oder bloß als Status und Prestige vermittelnder Akt, gelegentlich auch nur – wie im Fall von *Frau Jenny Treibel* – der Geruch von „Rührkartoffeln mit Karbonade, beides von Seifenwrasen untermischt"[16] als assoziative, sinnlich erfahrbare Brücke zur Vergangenheit eine nicht unwesentliche Rolle. Man denke etwa an die vielen Landpartien, Abendtafeln, Diners und Festessen, oder an die – „Der Mensch ist, was er ißt" (Feuerbach 1804-1872) – wahrhaft sprechenden Essgewohnheiten bestimmter Figuren und, nicht zu vergessen, an die beredte Symbolik des kulinarischen Angebots: Ob Spargelspitzen, Hummer oder Oderbruchkrebse[17], ob „Grünauer Schinkenstulle"[18] oder Harzer Schmerle[19], „Borsdorfer mit einer Pocke"[20] oder

[12] Günter GRASS: *Die Blechtrommel*. Werkausgabe in 10 Bänden. Bd. II. Hrsg. von Volker Neuhaus. Darmstadt und Neuwied 1987, S. 42.
[13] Ebd., S. 184; S. 186-187.
[14] Siehe den Beitrag von Volker Neuhaus in diesem Band.
[15] So der Titel der Grass-Biographie von Volker NEUHAUS: *Schreiben gegen die verstreichende Zeit. Zu Leben und Werk von Günter Grass*. München 1997.
[16] Als Frau Kommerzienrätin Jenny Treibel née Bürstenbinder romaneingangs das Haus ihrer Jugendliebe Professor Wilibald Schmidt betritt, „wehte, der ganzen Atmosphäre auch hier den Charakter gebend, von einem nach hinten zu führenden Korridor her ein sonderbarer Küchengeruch heran, der, wenn nicht alles täuschte, nur auf Rührkartoffeln und Karbonade gedeutet werden konnte, beides mit Seifenwrasen untermischt. ‚Also kleine Wäsche', sagte die von dem allen wieder ganz eigentümlich berührte stattliche Dame still vor sich hin, während sie zugleich weit zurückliegender Tage gedachte, wo sie selbst hier, in eben dieser Adlerstraße, gewohnt [...] hatte" (Theodor FONTANE: Frau Jenny Treibel oder „Wo sich Herz zum Herzen find't". Frankfurt/M. – Berlin – Wien 1983, S. 8).
[17] Ebd., S. 68.
[18] Vgl. Theodor FONTANE: *Irrungen, Wirrungen*. Ditzingen 1981, S. 93.
[19] Vgl. Theodor FONTANE: *Cécile*. Frankfurt/M. – Berlin – Wien 1982, S. 97-99.
[20] Wobei dem Naturliebhaber Wilibald Schmidt feststeht „je pockenreicher, desto schöner" (Theodor FONTANE: *Frau Jenny Treibel* (1983), S. 68).

Kochbirnenhälften mit und ohne Stengel[21] – in Fontanes vielstimmigen Zeit- und Gesellschaftsromanen steckt auch auf kulinarischem Gebiet der liebe Gott im Detail.

Insofern nimmt es also nicht Wunder, dass der Erzählstrang der Mahlzeiten und damit die Frage, was, wann, wo und wie gegessen wird, in Grass' Roman *Ein weites Feld*, der von dem Jahrhundert Fontanes auf der Folie unserer Gegenwart und damit von Geschichtsprozessen im kulturhistorischen Wandel und vor allem nah am Alltag erzählt, keineswegs so nebensächlich zu bewerten ist, wie er auf den ersten Blick daherkommt: Auf 781 Seiten wird, frei nach dem Modell der Gesellschaftsromane Fontanes, mehr geredet als gehandelt. Und diese Gespräche, über weite Strecken handelt es sich um Monologe entweder der Fonty- oder der Hoftaller-Figur, die im Roman als Fortschreibung von Schädlichs *Tallhover*, ewiger Spitzel und Fontys Tag- und Nachtschatten auftaucht, finden in der Regel in Berliner Gaststätten, Cafés, Bistros, Würstchenbuden, seltener im Treuhandgebäude oder in der „Imbißstube Potsdamer-Straße, gegenüber der Hausnummer 134c"[22], gelegentlich auch in der Privatwohnung der Wuttkes und schließlich bei McDonald's statt. Es wird also regelmäßig gegessen und getrunken, vor allem aber geredet und wichtiger noch – Fonty „hantiert" ja, wie übrigens Fontane und Grass, gerne „mit zwei Spiegeln zugleich" (WF, 230) – über Literatur und Leben, Gegenwart und Geschichte und nicht zuletzt im Fontaneschen Plauderton anlässlich des Essens über das Essen selbst geredet.

Da wird zum Beispiel während der Feier von Martha Wuttkes verspäteter Hochzeit ausführlich und meistens nicht ohne Hintersinn über „'sächsische Einflüsse auf die Berliner Küche'" (WF, 290) verhandelt, über diverse „köstliche Entengerichte" (WF, 290), nationale und regionale Spezialitäten, und was man sonst noch alles wann und wo zu sich genommen hat. Oder nehmen wir Fontys anspielungsreiche Festreden, in denen diverse Menues und Menuefolgen ihm die Stichworte zu allzu menschlichen Themen wie Liebe, Ehe, Ehebrüche und sonstigem tabuisiertem Gesprächsstoff liefern. Abgesehen von dieser kulinarischen Metasprache, die in *Ein weites Feld* überall dort begegnet, wo Fonty wieder einmal mit „zwei Spiegeln zugleich" disponiert, wird die Rede vom Essen und Trinken dort auch sonst in bester Fontanescher Manier ganz nebenbei und vielstimmig genutzt: Metaphorisch etwa, wenn der ewige Spitzel Hoftaller peinliche Geschichten aus Fontys Vorleben als „zusätzliche Kost [...] aufzutischen begann" (WF, 376-77) oder der real existierende „Sozialismus" zu DDR-Zeiten als „Eintopfsuppe mit einigen preußischen Zutaten" (WF, 349) umschrieben wird; oder als Charakterisierungsmittel der Figuren, besonders deutlich bei Hoftaller,

---

[21] Ebd., S. 167.
[22] Es handelt sich hier übrigens exakt genau um die Adresse der ehemaligen Wohnung Fontanes. Günter GRASS: *Ein weites Feld*. Göttingen 1995, S. 494. Alle Zitate aus dieser Ausgabe werden im Folgen unter der Abk. (WF) fortlaufend im Text belegt.

der seinen kleinbürgerlichen Reiseproviant, die obligatorische Thermoskanne mit Milchkaffee und Mettwurststullen (WF, 731)[23], in der Aktentasche immer dabei hat. Auf diese Weise werden einzelne Nahrungsmittel, Getränke und komplette Mahlzeiten zu milieu- und klassenspezifischen Indizien stilisiert, wobei die Mahlzeiten gelegentlich als kommunikative Akte, überwiegend aber als Ausdruck zwischenmenschlicher Entfremdung[24] gestaltet werden. In *Ein weites Feld* ist der kulinarische Diskurs also in einer Weise sprechend, dass man ihn nahezu mit den Worten von Professor Wilibald Schmidt in Fontanes *Frau Jenny Treibel* auf folgende Formel bringen könnte: „Das Nebensächliche, soviel ist richtig, gilt nichts, wenn es bloß nebensächlich ist, wenn nichts drin steckt. Steckt aber was drin, dann ist es die Hauptsache, denn es gibt einem dann immer das eigentlich Menschliche."[25]

---

[23] Gleich romaneingangs heißt es: „Von Hoftaller, der ihm [Fonty, D.R.] […] mit praller Aktentasche anhing, war bekannt, daß er, außer der Thermosflasche und der Brotbüchse, jederzeit einen durch Knopfdruck auf Normalgröße zu entfaltenden Kleinschirm bei sich trug" (WF, 13; vgl. WF, 730). Als ewiger Spitzel sozusagen immer im Dienst, ernährt er sich hauptsächlich von Fast Food (Imbissstuben, Würstchenbuden) oder – immer auf Nummer Sicher – von seinem Reiseproviant; und wenn er nicht gerade jene obligatorische „Thermosflasche und Blechdose voller Mettwurstbrote, die schon Tallhovers Biograph nachgewiesen hat" „aus der Tiefe seiner Aktentasche" zutage fördert, „zaubert" er zu besonderen Gelegenheiten auch schon mal „eine Flasche Rotwein, zwei Pappbecher und einen Korkenzieher" (alle WF, 94) daraus hervor.

[24] Vergleichsweise kommunikativ hat man sich trotz seinem „fehlenden Sinn für Feierlichkeit" (WF, 40) und Metes wieder einmal angekränkeltem Zustand (vgl. WF, 40) vermutlich noch Fontys privates Geburtstagsbegängnis, „das längere Frühstück mit Frau und Tochter bei Rotkäppchensekt" (WF, 40), vorzustellen. Demgegenüber artet Metes Hochzeitsfeier – wie übrigens charakteristisch für Fontanes Verhalten bei offiziellen Festakten (vgl. Fontanes Brief an Béringuier v. 6. Oktober 1885: „Ich war immer ein Singleton, ein Einsiedler von Jugend auf. Ich bin gelegentlich Gesellschaftsmensch, aber doch meistens absolut das Gegenteil davon. In einem kleinen befreundeten Kreis schwatzt niemand mehr als ich. Sowie der Kreis aber Gesellschaftszirkel oder gar ein ‚Verein' genannt wird, in dem nicht mehr geplaudert, sondern öffentlich geredet werden soll, ist es mit meiner Beredsamkeit vorbei. Ich bin dann stumm und kann nicht mehr mitspielen." (Theodor FONTANE: *Von dreißig bis achtzig*. Sein Leben in seinen Briefen. Hrsg. von Hans-Heinrich Reuter. München o.J., S. 284) – in Peinlichkeiten aus, weil selbst die Familienmitglieder einander fremd geworden sind. Vgl. dazu die folgenden Ausführungen.

[25] Theodor FONTANE: *Frau Jenny Treibel...*, S. 70; vgl. dazu u.a. folgende Selbstcharakterisierung Fontanes in einem Brief an Theodor Wolff, Chefredakteur des *Berliner Tageblattes*, v. 24. Mai 1890: „In meinen ganzen Schreibereien suche ich mich mit den sogenannten Hauptsachen immer schnell abzufinden, um bei den Nebensachen liebevoll, vielleicht zu liebevoll verweilen zu können. Große Geschichten interessieren mich in der *Geschichte*; sonst ist mir das Kleinste das liebste" (In: Theodor FONTANE: *Von dreißig bis achtzig*. Sein Leben in seinen Briefen..., S. 343-344).

Dieser hintergründigen Bedeutung des nur scheinbar Nebensächlichen kommt man aber – bei Grass wie bei Fontane – nur auf die Spur, wenn man sich die Methode Madeleines, Fontys lang verschwiegener Enkeltochter und, wie ich noch zeigen werde, Schlüsselfigur für die utopische Perspektive des Romans, zu eigen macht: Die Germanistin aus Frankreich ist in Deutschland auf den Spuren Fontanes und jenen ihrer Herkunft unterwegs. Dabei interessiert sie sich, wie sie ihrem Großvater Theo Wuttke und den Archivaren des Fontane-Archivs anvertraut, insbesondere für „all die vielen Motivverkettungen" (WF, 441) und „kunstvollen Verknüpfungen von Motiven" in den Werken des „Unsterblichen", „weil es immer Nebensächlichkeiten und keine dicken Leitmotive sind" (WF, 441) – in denen allerdings, mit Fontane gesprochen, der „Keim des Ganzen"[26] steckt.

Ich habe es also zunächst einmal mit Madeleine gehalten und bin dem kulinarischen Motivkomplex in *Ein weites Feld* auch dort nachgegangen, wo auf den ersten Blick eher beiläufig gegessen und getrunken wird. Herausgekommen ist ein wahrer Fundus an Material. Ich beschränke mich hier auf das Folgende:

- Das Kapitel *Annähernd schottisch* (WF, 25f.), das bei McDonald's spielt, von Fast Food, Westorientierung und Globalisierung, von der Vorbereitung eines Jahrhundertgeburtstags, von reduzierter Kommunikation – „Und jeder mampfte für sich" heißt es im Text (WF, 31) – damals und heute handelt und schließlich mit einem einheitlichen Applaus auf Fontys Rezitation der Fontaneschen *Archibald Douglas*-Ballade endet.
- Die Kapitel *Marthas Hochzeit* (WF, 279f.) und *Weshalb die Braut weinte* (WF, 299f.), die in den Offenbach-Stuben spielen, dabei überwiegend von der mit kulinarischem Hintersinn gespickten Tischrede des Brautvaters Fonty zehren, in denen aber – einem Fontaneschen Diner vergleichbar – auch sonst viel vom Essen, u.a. von „Berliner Spezialitäten" (WF, 274; vgl. 290) und von weiteren allzu menschlichen Dingen die Rede ist, und die im Resultat von zwischenmenschlicher Entfremdung nach der Wiedervereinigung handeln, und schließlich
- wird mit der „zartbitteren" (WF, 471) Madeleine von jener typisch französischen Schlüsselfigur die Rede sein, die keinesfalls zufällig den Namen des Proustschen Gebäcks trägt und die nicht unwesentlich dazu beiträgt, dass dem weiten „Feld" in Grass' Roman ein „Ende" (vgl. WF, 781), perspektivisch betrachtet sogar ein positives, abzusehen ist.

---

[26] Theodor FONTANE in einem Brief an G. Karpeles v. 18.8.1880, in: Theodor FONTANE: *Werke, Schriften und Briefe* (Hanser-Ausgabe). Abteilung IV. Bd. 3: Briefe 1879-1889, S. 101.

Annähernd schottisch oder eine Geburtstagsfeier im Spiegel zweier Jahrhunderte...

Romaneingangs befinden wir uns – Stichwort: Maueröffnung – im Jahr 1989 in Berlin-West, und Fontys alias Theo Wuttkes siebzigster Geburtstag steht bevor, dessen Planung, nicht zuletzt in kulinarischer Hinsicht, von Fonty und Hoftaller erörtert wird. „„Da kann man nicht still drüber weg. Muß begossen werden'" (WF, 11). Dieser Ansicht ist wenigstens Hoftaller, Fontys Tag- und Nachtschatten, der mit solchen Argumenten „sein[em] Objekt" (WF, 11) eine öffentliche Jubiläumsfeier schmackhaft machen will. Fonty, bei dieser Gelegenheit wieder einmal gänzlich in die Rolle Fontanes schlüpfend, reagiert zunächst „postwendend lustlos: ‚Siebzig kann jeder werden, wenn er einen leidlichen Magen hat'" (WF, 11)[27], kommt dann aber zu dem Entschluss: „„aber wenn es denn sein muß, muß es etwas Besonderes sein'" (WF, 12). Und darunter versteht er, der wie Fontane ohnehin für das Aparte ist, eben nicht jene Stätten des Arrivierten und Privilegierten, die Hoftaller vorschlägt: Weder der „Künstlerclub ‚Möwe'" (WF, 12), ebensowenig „das beliebte Theaterrestaurant ‚Ganymed' am Schiffbauerdamm" (WF, 12) und „auch der ‚Kempinski' im Westen der Stadt war [wie übrigens alles Berlinische, D.R.] nicht nach Fontys Wünschen. ‚Mir schwebt', sagte er, ‚etwas Schottisches vor. Nicht unbedingt mit Dudelsack, aber annähernd schottisch soll es schon sein...'" (WF, 12).

Was man sich darunter vorzustellen hat und welcher Kunstgriff in puncto Verspiegelung zweier Jahrhunderte deutscher Alltags- und Literaturgeschichte sich dahinter verbirgt, erfahren wir im zweiten, *Annähernd schottisch* (WF, 25) überschriebenen Kapitel des ersten Buches. Die Ausgangssituation ist die Folgende: Gänzlich abschließend ist die Frage: Geburtstagsfeier ja oder nein? offenbar immer noch nicht geklärt. Fonty jedenfalls ist jetzt entschieden dagegen. Und so boykottiert er denn auch die inzwischen von Hoftaller organisierte Vorfeier mit jungen (Künstler)Talenten (vgl. WF, 28) vom Prenzlauer Berg, die in der Mitropa-Gaststätte im Bahnhof Friedrichstraße mit Berliner Spezialitäten – es gibt „ein Tellergericht Hackbraten mit Spiegelei zu Bratkartoffeln" (WF, 28), dazu Bier und Nordhäuser Korn – begangen wird. Unter Hoftallers Druck erscheint der „Ehrengast" (WF, 26) zwar am Ende doch noch, aber offenbar nur,

---

[27] Ist möglicherweise als Anspielung auf Fontys wie Fontanes legendäre gastrische Empfindlichkeit zu verstehen. Dabei handelt es sich um ein wörtliches Zitat aus einem Brief Fontanes an Friedrich Stephany v. 18. November 1889, wo er zu der geplanten offiziellen Geburtstagsfeier mit eben diesen Worten unmissverständlich Stellung nimmt: „Wer erklärt einen ehrlich, aufrichtig und gern für *fest*berechtigt? ‚Siebzig kann jeder werden, wenn er einen leidlichen Magen hat. Also, was soll der Unsinn? Der Kerl ist schon so eingebildet, und eigentlich ist es doch ein Jammer mit ihm; er hat nicht mal studiert.'" (In: Theodor FONTANE. *Von dreißig bis achtzig...*, S. 336).

um den Anwesenden ganz en passant zu erläutern, was er sich unter „Annähernd schottisch" denn eigentlich gedacht hat: „Nicht auf dem Kurfürstendamm oder am Savigny-Platz" (WF, 30), also nicht an traditionellen Orten des Berliner Westens, sondern ausgerechnet bei „McDonald's" (WF, 30) soll „des Unsterblichen und des Nachgeborenen runder Geburtstag gefeiert werden" (WF, 30).

Eine Idee, die, gelinde gesagt, aufhorchen lässt. Denn was um aller Welt, so wird man sich jetzt fragen, hat McDonald's, das Fast-Food-Restaurant, das gemeinhin für Verwestlichung, Amerikanisierung, Globalisierung, Modernisierung steht[28], mit Fontane zu tun? Dabei ist mitzubedenken: nicht schottisch, sondern „annähernd schottisch" war Fontys Formulierung, und in eben dieser Formulierung ist der kulturelle Wandel vom 19. zum 20. Jahrhundert gleich mitgeschrieben. Bezogen auf den ‚Unsterblichen' meint das Schottische, auf das Fonty hier anspielt, eben jene uralte Tradition, die Fontane in seinen Balladen besungen hat. Diese ist aber zu seiner Zeit, d.h. gut hundert Jahre später, nur „annähernd" noch zu haben. Die assoziative Brücke, die hier von McDonald's, dem Fast-Food-Lokal mit dem originär schottischen Namen, zu Fontane führt, bedarf also der Vermittlung. Zum Beispiel durch eine Kunstfigur wie Fonty, dem sich, wo immer er auftaucht, so manche „Gelegenheit für Abschweifungen ins historische Feld" (WF, 21) bietet.

Wir treffen Fonty bei McDonald's, wie üblich, in Begleitung Hoftallers an. Nachdem die beiden einen „Zweiertisch" (WF, 30) in Besitz genommen haben, reihen sie sich in die Warteschlange vor Kasse fünf ein. Viel Zeit für die Auswahl eines Menüs bleibt ihnen bei McDonald's, wo der „übliche Betrieb" (WF, 30) herrscht, zwar nicht, und doch ist sowohl Fontys wie Hoftallers Wahl hinreichend bezeichnend: Der eine, „dem der Super Royal TS für 5 Mark 95 West zu teuer war" (WF, 31) entscheidet sich preisbewusst „für einen Cheeseburger und eine Portion Chicken McNuggets" (WF, 31), der andere, nachdem er einen Moment mit dem „Evergreen Menue" (WF, 31) geliebäugelt hat, für einen „doppelstöckigen Hamburger namens Big Mäc" (WF, 31), was, wenn man es denn im übertragenen Sinne verstehen will, einerseits auf die Doppelfigur Hoftaller/Fonty, andererseits auf die großspurige Mentalität des ewigen Spitzels und konträr dazu auf Fontys fast schon sprichwörtlich schottische Sparsamkeit verweist.

---

[28] Vgl. Christiane GREFE: *M... wie Milliarden Dollar.* Aus einem Fast-Food-Restaurant in Kalifornien zauberte Ray Kroc ein Weltunternehmen, in: Die Zeit v. 16.10.2003, Nr. 43: „Kein Unternehmen wurde je wie McDonald's zum einschlägigen Symbol für die Globalisierung – lange bevor diese so hieß."; vgl. Anonym: 50 Jahre McDonald's. Das Imperium der goldenen Bögen (15. April 2005), http: // www. faz.net: „Inzwischen ist die Mutter aller Schnellimbiß-Ketten genau wie Coca Cola zum Symbol für den American Way of Life geworden [...]" und wird „auf absehbare Zeiten das Symbol für den amerikanischen Kapitalismus und [...] den kulinarischen Imperialismus bleiben."

In weiterer Doppelbödigkeit travestiert der Ort des Geschehens, das Schnell-restaurant McDonald's, hier zugleich den Englischen Hof, eines der führenden Häuser Berlins zu Fontanes Zeiten, in dem, wie einem ausführlichen Briefzeug-nis des Autors zu entnehmen ist,[29] exakt hundert Jahre zuvor sein siebzigster Ge-burtstag gefeiert wurde. Aus eben diesem Brief, wir haben es hier mit einem Fall markierter Intertextualität zu tun, wird folgende Passage in *Ein weites Feld* wörtlich zitiert: „Man hat mich kolossal gefeiert und – auch wieder gar nicht. Das moderne Berlin hat einen Götzen aus mir gemacht; aber das alte Preußen [...] hat sich kaum gerührt". (WF, 25). Auch dass es dabei um jene „offizielle Nachfeier" des siebzigsten Geburtstags vom 30. Dezember 1889 geht, „die gleich zu Beginn des neuen Jahres, am 4. Januar, im Restaurant ‚Englisches Haus' in der Mohrenstraße stattgefunden hatte" (WF, 25), wird explizit gesagt.

Bezeichnend für Grass' Verspiegelung zweier Geburtstagsfeiern in der, die Fonty und Hoftaller probeweise bei McDonald's begehen, scheint mir aber vor allem folgender Schlüsselsatz: „Dann saßen sie, und jeder mampfte für sich" (WF, 31). Bezogen auf die Gegenwart komprimiert sich in diesem einen Satz noch einmal das ganze Ausmaß jener Entfremdung, von der die künstliche At-mosphäre des modernen Schnellrestaurants, die uns hier begegnet, ohnehin schon zeugt. Fonty und Hoftaller sitzen sich zwar gegenüber, reden aber ebenso-wenig miteinander wie die anderen Gäste. Alle Anwesenden sind so sehr auf das Zweckrationale der Nahrungsaufnahme konzentriert, dass nur Kaugeräusche – Fonty und Hoftaller hören „sich und andere essen" (WF, 31) – noch vernehmbar sind. Was hier detailliert geschildert wird, könnte man aber ebensogut als Zu-spitzung jener Scheinkommunikation und Phrasenhaftigkeit verstehen, von der, bei Lichte besehen, bereits die Gesellschaften und Diners in Werken und biogra-phischen Zeugnissen Fontanes gekennzeichnet sind: Man denke nur an die hoh-len Tischgespräche, die namentlich die Treibels und Schmidts und weitere Ver-treter des Geld- und Bildungsbürgertums in *Frau Jenny Treibel* mit- oder besser gesagt gegeneinander führen. Oder auch an besagte Jubiläumsfeier des siebzig-sten Geburtstags, wie der Autor sie erinnert: „Man hat mich kolossal gefeiert und – auch wieder gar nicht"[30] beklagt sich Fontane und resumiert: „Das unpas-sende Benehmen eines Bruchteils der einen Tafel hat mir freilich wie wohl auch vielen andern den Schluß des Festes verleidet..."[31]

Ob auch damals schon, abgesehen von Fontanes verletzter Eitelkeit, die sol-ches durchaus nahelegen könnte, ‚jeder für sich mampfte', darüber können wir

[29] Fontane an Heinrich Jacobi, Pfarrer in Kriele/Mark (Berlin, 23. Januar 1890), in: Theodor FONTANE. *Von dreißig bis achtzig*..., S. 338-39.

[30] Fontane an Heinrich Jacobi, Pfarrer in Kriele/Mark (Berlin, 23. Januar 1890), in: Theodor FONTANE. *Von dreißig bis achtzig*..., S. 339.

[31] Entwurf eines Briefes von Fontane an August von Heyden v. 5. Januar 1890, in: Theodor FONTANE. *Von dreißig bis achtzig*..., S. 340.

allenfalls spekulieren. In *Ein weites Feld* jedenfalls, wo mindestens offizielle Mahlzeiten durchweg von Kommunikationslosigkeit und Entfremdung überschattet werden, drängt sich diese Interpretation geradezu auf. Wobei der kulturelle Wandel im schielenden Blick[32] auf zwei Jahrhunderte u.a. im Sujet der Mahlzeiten immer mitgeschrieben wird: Vom „Englischen Hof" zum „annähernd schottischen" Schnellrestaurant; vom „modernen Berlin"[33] zu Fontanes Zeiten, wo das Prestige- und Standesbewusstsein des Besitz- und Bildungsbürgertums das gesellige Leben regiert, zum postmodernen Berlin, wo Klassengegensätze, wenigstens bei McDonald's, scheinbar keine Rolle mehr spielen. Menschen aller Schichten, Generationen und Nationen sind dort versammelt: „Laufkundschaft, die bestellte und mitnahm, viel jugendliches Publikum, aber auch Devisenhändler von gegenüber belebten den Betrieb [...]. Hier und da standen ziemlich abgetakelte alte Männer und Frauen aus dem Bahnhofsmilieu, die sich bei McDonald's aufwärmten [...]" (WF, 32). Wirkliche Kommunikation aber findet hier ebensowenig statt wie zu Fontanes Zeiten. Im Gegenteil, wo bei Fontane von der Hohlheit und Phrasenhaftigkeit etwa des Besitz- und Bildungsbürgertums die Rede ist, von einer subtilen Form der Entfremdung also, die sich, man denke an *Frau Jenny Treibel*, insbesondere bei Tischgesprächen manifestiert, findet bei Grass – „und jeder mampfte für sich" (WF, 31) – offenbar überhaupt keine Kommunikation mehr statt.

So könnte man jedenfalls meinen, wäre da nicht diese spektakuläre Solo-Einlage, mit der Fonty alle Anwesenden bei McDonald's in seinen Bann schlägt: „Zwischen Biß und Biß, kauend kommentierte er das Lokal: die Messingleuchter über der Theke, die abgeschirmte Schnellküche, für deren Angebot Preistafeln sprachen [...]. Und auf das überall [...] doppelbäuchig werbende Firmenzeichen wies er hin, um sich sogleich von jenem westlichen, nunmehr die Welt erobernden Namen, dessen Signum als Heilszeichen galt, davon- und zurückführen zu lassen" (WF, 32) in eine seiner fiktiven Zeitreisen, die hier „bei den historischen McDonald's" (WF, 32) und deren kriegerischen Auseinandersetzungen mit den Campbells anno 1692 beginnt, um dann, „vom Stammsitz der Fast-Food-Firma Schloß Armedale ausgehend" (WF, 33), wie der Wanderer Fontane „jenseits des Tweed ins schottische Hochmoor [...] Maria Stuarts Spuren hinterdrein" zu jagen und schlussendlich „mit linker Hand die Schachteln, Soßenschälchen und den Pappbecher samt Strohhalm" (WF, 34), kurzum mit einer für Fonty mehr als bezeichnenden Geste den gesamten Gegenwartsmüll vom Tisch

---

[32] Übrigens wird auch Madeleine beim Rudern ein zwischen Nah- und Weitsicht hin- und herpendelnder „Silberblick" (WF, 448) nachgesagt, den man im Kontext als ein weiteres Indiz für ihre Geistesverwandtschaft mit dem zeitweilenden Fonty oder gar der zeitweilenden *Butt*-Figur deuten kann.

[33] Fontane an Heinrich Jacobi / Berlin, 23. Januar 1890, in: Theodor FONTANE. *Von dreißig bis achtzig...*, S. 339.

zu fegen und gänzlich in die Rolle des ‚Unsterblichen' zu schlüpfen: Mit würdiger Haltung und „heller Stimme [...] jegliches Geräusch" (WF, 34) übertrumpfend, rezitiert er nun selbstbewusst „seinen ‚Archibald Douglas'" (WF, 34), der bereits hundert Jahre zuvor deklamiert wurde. Allerdings mit anderem Ausgang: Während Fontane bitter enttäuscht über ein Publikum war, das in Unkenntnis der Ballade zu früh applaudierte (vgl. WF, 41), befindet Fonty, der ausführlich auf diese peinliche Episode zu sprechen kommt: „„Jedenfalls war vorhin noch, was das Publikum betrifft, McDonald's besser als Englisches Haus damals!'" (WF, 41)

Und in der Tat, über „wichtigtuerische" (vgl. WF, 41) Ehrengäste und deren „Renommiergehabe" (WF, 40), über „zur Schau gestellte Ordensbrüste und Schmuckkollektionen" (WF, 40) kann Fonty sich bei McDonald's ebensowenig beschweren wie über „vorzeitigen Applaus" (WF, 41). Im Gegenteil, ausgerechnet an dem Ort, der heutzutage für Künstlichkeit, Isolation und Entfremdung, aber eben auch für die klassenlose Gesellschaft einsteht, steigt dank seiner mitreißenden Darbietung „die Stimmung" (WF, 35) zu einer Art Happening: „Jung und alt klatschte" (WF, 34), ja, sein „Vortrag hatte so sehr begeistert" (WF, 34), dass Integration des üblicherweise Getrennten möglich wird. Personal und Stammkundschaft, die strenge Kassiererin Sarah Picht, schrille Typen aus dem Bahnhofsmilieu und selbst Hoftaller können sich dem nicht entziehen: „So etwas hatte es bei McDonald's noch nie gegeben" (WF, 35). Und doch, fast als wäre nichts gewesen, geht man gleich darauf wieder zur Tagesordnung über: „Danach saßen beide [die Rede ist von Fonty und Hoftaller, D.R.] nur noch für sich [...], sückelten sparsam und ließen ihre Gedanken treppab eilen" (WF, 35-36).

Und damit haben wir eine, für die Mahlzeiten in *Ein weites Feld* durchaus charakteristische Grundsituation: Wo immer gegessen, beim Essen geredet oder auch nur nachgedacht wird, ‚eilen die Gedanken treppab', taucht insbesondere Fonty „ganz gegenwärtig und ganz vergangen" (WF, 38) in unterschiedliche Zeiten, mal in Leben und Werk Fontanes, dann wieder in seine eigene Vergangenheit ab, um unvermittelt wieder in die Gegenwart zu springen. Einzelne Speisen, Getränke und Menuefolgen können unter seiner Regie – dem Proustschen Madeleine-Erlebnis vergleichbar – offenbar ebensogut zwischen den Jahrhunderten vermitteln, wie der singuläre Festakt selbst. So lässt Fonty beispielsweise bei „Hähnchenhappen" und Coca-Cola (WF, 33), einem typischen McDonald's-Menue, den siebzigsten Geburtstag Fontanes Revue passieren, kommt dabei auf jenes „vereinzelte Radieschen" (WF, 41) zu sprechen, auf das Fontane während der Rezitation seiner Ballade „verlegen gestarrt habe, als sei" ihm „ein Hühnerdreck auf den Teller gefallen" (WF, 41), um schließlich selbst „auf die leergefutterten Schachteln" (WF, 41) zu starren, „als läge in deren Mitte noch immer das einsame Radieschen vom 4. Januar 1890" (WF, 41). Und in dieser, zwei Jahrhunderte im Fokus eines Nahrungsmittels miteinander verbindender Blickinszenierung wird wiederum Kontinuität im Wandel sichtbar: Steht jenes einsame Radieschen auf dem Teller Fontanes für einen Mangel aus Überfluss, wird gleichsam Symbol einer Prestigemahlzeit und verweist so auf den Geltungsdrang derer, die es sich leisten können, Nahrungsmittel als Dekor zu verwenden, so verweisen die „leergefutterten Schachteln" (WF, 41) bei McDonald's im übertragenen Sinne auf die Berge von Restmüll, die unsere Wohlstandsgesellschaft mit ihrer Fast Food-Kultur hinterlässt.

Und so wird, gewissermaßen als Schnittmenge zweier Jahrhunderte, im kulinarischen Sujet jener „gedoppelten"[34] Geburtstagsfeier hier wie dort Entfremdung sichtbar. Denn einmal abgesehen von der integrativen Wirkung, die Fontys beeindruckende *Archibald Douglas*-Rezitation für einen kurzen Moment hervorruft, gleicht sie doch eher einer kommunikativen Einbahnstraße: Fonty hält Monologe und sein Publikum reagiert, wenn auch nicht mit vorzeitigem Applaus, so doch – wie zu Fontanes Zeiten – in völliger Unkenntnis der Fontaneschen Ballade. Was da abläuft, ist ein gruppendynamischer Prozess – nur dass es dabei nicht mehr um „Renommiergehabe" (WF, 40) als Distinktionsmittel, sondern um Teilhabe an einem Event geht. Die einzige Anwesende, die aus der Anonymität der Masse heraustritt, ist bezeichnenderweise eine ‚Kopfgeburt': In einer „Frau seines Alters, die mit Blick auf ihn, ständig ihr rechtes Auge verkniff, als wollte sie ihm zuzwinkern" (WF, 43), meint Fonty eine der Fontaneschen „Kräuterhexen" (WF, 43) wiederzuerkennen, „etwa die Buschen aus dem ‚Stechlin' oder [...] Hoppemarieken aus ‚Vor dem Sturm'. Die hätte so zwinkern können" (WF, 43).

„Berliner Spezialitäten" und was auf Marthas Hochzeit sonst noch aufgetischt wird...

Wie der siebzigste Geburtstag sind auch die Planung und anschließende Feier von „Marthas Hochzeit" ein Paradebeispiel dafür, mit welchen Finessen der „doppelt gewebte" (WF, 260)[35] kulinarische Erzählstrang in *Ein weites Feld* zwei Jahrhunderte miteinander verknüpft, so dass die Kontinuität der Geschichte als Prozess immer erkennbar bleibt. Schon als er auf der Suche nach einem geeigneten Lokal für das Hochzeitsessen probehalber die alte Berliner „Kneipe ‚Keglerheim' in der Lychener Straße" (WF, 274) betrat, wollte Fonty, „der hier

---

[34] In diesem Sinne ist im Roman auch die Rede von den „gedoppelten Kinderjahren" (WF, 237); vgl. Anm. 35.

[35] „Doppelt gewebt" bezieht sich hier auf Fontys Fortschreibung der Fontaneschen Autobiographie *Meine Kinderjahre*.

zu Hause war, nichts vergangen sein, sondern alles gegenwärtig, auf Abruf"
(WF, 275).

Und damit sind wir schon bei den zwei Jahrhunderte miteinander verknüpfen-
den „Berliner Spezialitäten" (WF, 274), die allerdings – auch Fontane stand ja
allem Berlinischen eher skeptisch gegenüber – mehr nach Hoftallers als nach
Fontys Geschmack sind: Wo überall Hoftaller mit seinen obligatorischen Mett-
wurstbroten – zu feierlichen Anlässen darf es auch schon mal Hackbraten mit
Spiegelei, dazu Bier und Nordhäuser Korn (vgl. WF, 28) oder „ein Schultheiß"
(WF, 272) sein – als fast schon prototypischer Anhänger der kleinbürgerlichen
Berlinischen Küche auftritt, zeigt Fonty sich wählerischer und – man denke an
die deutsch-französische Herkunft der Fontanes – eher dem Französischen zuge-
neigt: Anstelle von Bier bevorzugt der Brautvater französischen Rotwein (vgl.
WF, 272), für die kirchliche Trauung erscheint ihm im Fontaneschen Redejar-
gon „Französischer Dom besser als Hedwigskirche" (vgl. WF, 273), und „für ein
Hochzeitsessen" (WF, 274) kommen die „Berliner Spezialitäten" (WF, 274) –
„etwa Schweinshaxe und Schlachteplatte oder Kohlroulade" (WF, 274) – der
Gaststätte „Keglerheim" für Fonty ebensowenig in Frage wie deren dekoratives
Zille-„Milljöh" (WF, 275), wobei er sich erneut auf Fontane beruft: „Er legte
sich Zitate zurecht, die seinem Spott auf alles Berlinische zupaß kamen – ‚Jede
Semmel ist pappig, jedes Stück Fleisch schmeckt nach Kellermuff, und kein
Buchbinder kann ein Buch hübsch einbinden; und dabei der unerträglichste
Dünkel...'" (WF, 275). Auch in diesem Punkte fällt also die Entscheidung zu-
gunsten des Französischen aus: Ohne lange zu überlegen – und entgegen den
Wünschen seines künftigen Schwiegersohns „nach einem ‚guten Italiener'"
(WF, 277) – reserviert Fonty im „sogenannten Musikzimmer" der „Gaststätte
‚Offenbach-Stuben'" [...] einen Tisch für zwölf Personen" (WF, 277). Und mit
diesem Stichwort – Offenbach, der deutsche Opernkomponist, der in Paris seine
Triumphe feiert – kommt bereits jener deutsch-französische Ausgleich ins Spiel,
der im weiteren Verlauf der Erzählung eine tragende Rolle spielen wird.

Bleibt die Frage, welches Menü? Und die wird von Fontys Seite selbstredend
auf gut Fontanesch, d.h. mit „doppelt gewebtem" (WF, 260) Hintersinn beantwortet. Eigentlich hätte der Brautvater, dem die Verbindung seiner geliebten
Tochter mit dem weit älteren West-Bauunternehmer Grundmann so gegen den
Strich geht, dass er von vornherein auf eine anzügliche Tischrede aus ist, ‚Or-
pheus in der Unterwelt', nämlich „geschmorte[n] Ochsenbraten in Zwetschgen-
soße mit Speckbohnen, als Hauptgericht" (WF, 280) bevorzugt. Auch „‚Ritter
Blaubart' als Rinderfilet" hätte ihm gefallen, da „dessen Wiederholungstäterge-
schichte eine Menge Anspielungen erlaubt, zum Beispiel auf die verbotenen
Zimmer einer jeden Ehe, gleich welcher" (WF, 290).[36] Doch als am Ende, um

---

[36] Die Figur Ritter Blaubart (zurückgehend auf Perraults Märchen *La Barbe-Bleue*, 1697)
steht seit Perrault für den Protoyp „erfolgreicher, älterer Mann fasziniert junge, unerfahrene

„weitere Ausrutscher" (WF, 280) zu verhindern, Emmis Vorschlag, ‚Die schöne Helena', aufgetischt wird, „gab ihm die äußerlich kroß gebratene, doch innen saftig gebliebene Entenbrust" nicht minder „gewagte Anspielungen ein: ‚Schöne Helena paßt immer. Doch zartrosa muß nicht jüngferlich heißen. Die Braut, unsere schon so lange zuwartende Schönheit, versteht, was gemeint ist" (WF, 280). Auf die vielen weiteren Anspielungen, mit denen Fonty in seiner Tischrede die einzelnen Gänge kommentiert, will ich hier gar nicht erst eingehen. Wichtig erscheint mir in diesem Zusammenhang vielmehr das, was ich hier einmal die kulinarischen Finessen des Romans nennen möchte: Ausgehend von alltäglichen Mahlzeiten, Festessen, einzelnen Gängen und Nahrungsmitteln und nicht zuletzt von der Gastronomie, also den Orten, an denen aufgetischt wird, unternimmt Grass vermittels seiner Kunstfigur Fonty und deren indirekter Sprechakte diverse Ausflüge in die Geschichte des 19. und 20. Jahrhunderts und verbindet dabei die jeweilige Esskultur zudem mit jener – in Stichworten: Fontane, Fontane-Rezeption, Offenbach, Offenbach-Rezeption – der schönen Künste. Und um einen weiteren Aspekt dieser kulinarischen Finessen des Romans noch einmal zu betonen: Es geht dabei, so auch in den nachfolgenden Episoden um *Marthas Hochzeit*, immer um Kontinuität im Wandel.

Wie schon anlässlich des siebzigsten Geburtstags bei McDonald's macht sich innerhalb der geschlossenen Gesellschaft, die sich, wenngleich bei ganz anderen kulinarischen Genüssen, anlässlich von *Marthas Hochzeit* in den Offenbach-Stuben versammelt hat, Entfremdung breit. Der Riss geht mitten durch die deutsch-deutsche Hochzeitsfeier hindurch und betrifft, unmittelbar nach der Wiedervereinigung, nicht nur die problematische Wuttke-Grundmann-Beziehung, sondern auch die innerfamiliäre Konstellation der Wuttkes selbst: „Die meisten am Tisch waren einander fremd oder, was den verlorenen Sohn Friedel betraf, fremd geworden. Selbst als die Vorspeise, der hauchzart in Scheiben geschnittene Lachs, serviert war, kamen Tischgespräche nur stockend in Gang" (WF, 287). Von einer richtigen Aussprache „nach so langer Zeit" (WF, 287), wie Emmi sie sich erhofft hatte, kann schon gar keine Rede sein; „wir sind uns ja alle fremd geworden, leider, bis in die Familie hinein" (WF, 287) – so bringt der Pfarrer Bruno Matull die Situation auf den Punkt. „Und jeder mampfte nur noch für sich" – darauf lief ja bereits die Geburtstagsfeier bei McDonald's hinaus; am Ende des Kapitels *Weshalb die Braut weinte* (WF, 299f.) heißt es nun: „Kein Gesang mehr. Um den Tisch saßen wir fremd [...]. Zwischen Braut und Bräutigam war ein Loch" (WF, 311).

Frau" oder auch für den „patriarchalische[n] Mann, der sich die Frau(en) untertan machen möchte" (Hartwig SUHRBIER (Hg.): Blaubarts Geheimnis. Frankfurt a. Main; Berlin 1987, S. 12). In *Ein weites Feld* ist Jaques Offenbachs Komische Oper *Blaubart* in drei Akten (1867) gemeint.

Typisch französisch oder wie sich das Blatt wendet...

Und doch mündet der Roman am Ende in eine utopische Perspektive; das letzte Wort hat Fonty, der mit seiner wiedergefundenen Enkeltochter namens Madeleine auf dem Weg in die Cevennen ist und von unterwegs Folgendes verlauten lässt: „Wir gehen oft in die Pilze. Bei stabilem Wetter ist Weitsicht möglich. Übrigens täuschte sich Briest; ich jedenfalls sehe dem Feld ein Ende ab..." (WF, 781). Hier kommt jene typisch französische Spezialität ins Spiel, deren Namen die „zartbittere Person" (WF, 471) keineswegs zufällig gewählt hat: Eigentlich heißt sie nämlich Nathalie Aubron, aber sie nennt sich ganz bewusst Madeleine nach ihrer Großmutter[37], eben jener Französin, mit der Fonty – und zwar nach seiner Verlobung mit Emmi – im Zweiten Weltkrieg, während seiner Zeit als Besatzungssoldat in Frankreich, eine uneheliche Tochter, eben die Mutter seiner Enkelin, gezeugt hat.

Zum einen steht in biblischer Tradition der Name Magdalene für die Sünderin, und so ist er hier auch zu verstehen: Indem sie deren Namen annimmt, bekennt Nathalie, die übrigens selbst ein „schwieriges" Verhältnis mit „ihrem" verheirateten Professor hat (vgl. WF, 443), sich demonstrativ zu ihrer Großmutter Madeleine Blondin, die wegen ihrer verpönten Liebschaft mit einem Deutschen noch lange nach dem Krieg mit Verachtung gestraft wurde: „Die Hure von einem boche war ich, die collaboratrice horizontale!" (WF, 427). Und sie bekennt sich nicht nur zu diesem anrüchigen großmütterlichen Erbe, die Germanistin französischer Herkunft ist vielmehr in puncto Familiengeschichte aufklärerisch unterwegs: „Der vor wenigen Jahren verstorbenen Großmutter traurige Liebe, die alles Deutsche eingeschlossen habe, [...] das Geheimnis um den verschollenen Liebhaber [...], all das [...] habe sie dazu gebracht" (WF, 421) nicht nur die deutsche Sprache zu erlernen, sondern „die deutsche Literatur des 19. Jahrhunderts zum Gegenstand ihres Studiums zu machen" (WF, 421). Weswegen sie denn auch, Berufliches und Privates miteinander verbindend, auf den „hugenottischen" (WF, 450) Spuren Fontanes und denen ihres Großvaters Fonty nach Berlin reist. Dort konfrontiert die ausgesprochen natürlich wirkende Kindfrau, die überdies mit charakteristischen Zügen der Fontaneschen Magdalenen-Figuren[38] ausgestattet ist – das „wirbelig" (WF, 420) kastanienbraune Haar nebst

---

[37] Zweimal wird im Text darauf hingewiesen, einmal sagt Hoftaller: „Heißt eigentlich Nathalie, will aber Madeleine genannt werden, nach der Großmutter natürlich" (WF, 412), ein anderes Mal das Erzähler-Kollektiv: „Nathalie Aubron, die aber auf den Vornamen ihrer Großmutter hörte, war wirklich reizend" (WF, 418).

[38] An Colmar Grünhagen schreibt Fontane am 10. Oktober 1895: „*Dies* Natürliche hat es mir seit lange angetan [...] und dies ist wohl der Grund, warum meine Frauengestalten alle einen Knacks weghaben [...], ich verliebe mich in sie, nicht um ihrer Tugenden, sondern um ihrer Menschlichkeiten, d.h. um ihrer Schwächen und Sünden willen. Sehr viel mehr gilt mir auch

blaugeblümtem Hängerkleid, „in dem sich die knäbische Figur verbarg" (WF, 420) hat sie von Effi Briest[39], ihre kindliche Begeisterung für Schinkenstullen (vgl. WF, 467) womöglich von Corinna Schmidt geerbt[40] –, dort konfrontiert sie also ihren Großvater mit seiner bislang allenfalls andeutungsweise zur Sprache gekommenen deutsch-französischen Liebesaffäre und deren Folgen. Und zwar indem sie – eben darin manifestiert sich jetzt zum anderen die subtilere Bedeutung ihres Namens – wie eine Personifikation des Proustschen Gebäcks unmittelbar mit ihrem Erscheinen spontane Gefühlsregungen in Fonty auslöst, die ihm die Vergangenheit im wahrsten Sinne des Wortes vergegenwärtigen.

Angesichts der mit ihrem typisch französischen Habitus wahrhaft entwaffnenden und „augenblicklich alle Vorängste besiegende[n] Person […], die keine zurechtgelegten Begrüßungssätze zuließ, fiel Fonty nur ein, wiederholt ‚Da bist du

---

die Ehrlichkeit, der man bei den Magdalenen mehr begegnet als bei den Genoveven. Dies alles, um Cécile und Effi ein wenig zu erklären" (In: Fontanes Briefe. Ausgewählt und erläutert von Gotthard Erler. Bd. 2. Berlin und Weimar 1968, S. 382).

[39] An anderer Stelle heißt es in Anlehnung an die Fontanesche „Tochter der Luft" (Theodor FONTANE: *Effi Briest*. München 1983, S. 8) über Madeleine, die ihrem Großvater – und auch das ist mit Blick auf Effis ebenfalls erkennbarer Affinität zum Wasser womöglich keineswegs zufällig – „im sacht treibenden Boot" (WF, 427) zuhört, sie „ging, nein schwebte in ihrem blauen Hänger zum Heck" (WF, 427).

[40] Beide sind offenbar der einfachen kleinbürgerlichen Küche zugetan. So wie jene – trotz ihrer gastrischen Beschwerden nach einem Treibelschen Diner – die Schinkenstullen der Schmolke einem diätetischen Teebrötchen vorzieht (vgl. Theodor FONTANE: *Frau Jenny Treibel…*, S. 132), hat Madeleine mit Begeisterung Emmis „Schrippen […] mit Aufschnitt zwischen […] gefuttert" (WF, 467). Eine weitere Figur, die man auf der Folie der Fontaneschen Werke lesen könnte, ist Madeleines Mutter, die als uneheliche Tochter ihrer „einsam" in den Cevennen lebenden Mutter (vgl. WF, 431) keineswegs zufällig Cécile heißt (vgl. WF, 423: „Man sagte mir, meine Tochter heißt Cécile") und aus der „Einöde […] in die Ehe mit einem Automechaniker namens Gilles Aubron" flüchtet, „der, beträchtlich älter als sie, dem Cevennenkind Halt gab und ihm proletarische Prinzipientreue versprach" (WF, 431). Mit der Nähe ihres „prinzipientreuen" älteren Ehemannes zu Innstetten, Arnaud und Gideon klingen hier Motive aus *Effi Briest* (Kindfrau heiratet älteren Mann und kompensiert damit die nicht gelebten Wünsche ihrer Mutter); *Cécile* (die uneheliche Tochter und einstige Fürstenmätresse flüchtet vor ihrer Vergangenheit in die Ehe mit dem weit älteren St.Arnaud, von dem sie sich Halt verspricht) und *Irrungen, Wirrungen* (Lene, die ihrer großen Liebe aus Standesgründen entsagen muss, heiratet am Ende den bürgerlichen Gideon Krämer, geht also – „Gideon ist besser als Botho!" (WF, 430) lautet das wörtliche Zitat in *Ein weites Feld* – ebenfalls eine Vernunftehe ein, die äußeren Halt verspricht) an. Während Madeleine Blondin, die Grasssche Fortschreibung der Fontaneschen Lene, ihre Liebe lebenslang nicht preisgibt und anstelle der Ordnung die gesellschaftliche Isolation wählt, entscheidet sich ihre uneheliche Tochter Cécile wiederum – wie die Fontaneschen Frauenfiguren – für die gesellschaftskonforme Lösung. Die Enkeltochter Madeleine dagegen geht mit der Großmutter konform und arbeitet in diesem Sinne an der Verwirklichung von „Happy Endings" der Fontaneschen Stoffe im wirklichen Leben (vgl. WF, 425).

ja, Kind' zu sagen. Dann suchte er ihr Gesicht ab und sie seines" (WF, 419). Ja,
in diesem alles entscheidenden Augenblick hebt sich – wie bei der Proustschen
Madeleine-Erfahrung[41] – gewissermaßen die Logik der Zeit auf. Allein durch
ihre Präsenz re-präsentiert Madeleine, und zwar im Wortsinn von Wiederverge-
genwärtigung, die unbewältigte deutsch-französische Vergangenheit der Wuttkes und Aubrons und sorgt im weiteren Prozess der Erzählung für Versöhnung
auf allen Ebenen: Da ist zum einen Fontys Versöhnung mit seiner Vergangenheit, die sich im Dialog mit der Enkeltochter als ein fast schon therapeutischer
Prozess vollzieht, der – und sei es über den Umweg der parallel laufenden Fontaneschen Lebens- und Werkgeschichte – lang Verschwiegenes und Verdrängtes
auf einmal wie selbstverständlich zutage fördert: „Frag nur, Kind, frag... Hof-
fentlich verwechsel ich nichts... Denn nicht das Vergessen, sondern das Ver-
wechseln ist das Allerschlimmste" (WF, 439). Zudem ist Madeleine für diverse
„Familienzusammenführung[en]" (WF, 468) verantwortlich, zunächst einmal
vor Ort: Unmittelbar nachdem Emmi die charmante Enkeltochter kennengelernt
hat, treffen wir das Ehepaar Wuttke „durch den französischen Anstoß regelrecht
verjüngt" (WF, 495) einträchtig in den Offenbach-Stuben wieder, wo die beiden
wie zur Entschädigung für den seinerzeit „eher ärmlich mit Pellkartoffeln zu Ha-
senpfeffer [...] abgefeiert[en] Ehebund" (WF, 495) feierlich ihren 45. Hoch-
zeitstag begehen und – aparterweise beim Verzehr des Hauptgangs „Ritter Blaubart" (WF, 495) – Emmi ihrerseits mit dem Geständnis eines Fehltritts über-
rascht. Aber auch der deutsche und der französische Zweig der Familie werden
dank Madeleines Initiative miteinander versöhnt. Ich denke hier an jenen „feier-
liche[n] Moment" (WF, 427), in dem „der ehemalige Obergefreite und Kriegs-
berichterstatter Theo Wuttke, um Jahrzehnte verspätet, ganz inoffiziell" (WF,
427) von Madeleine den angeblichen Orden der Résistance bekommt, oder an
den perspektivenreichen Romanschluss, der Großvater und Enkeltochter – der
eine deutsch-französischer, die andere französisch-deutscher Herkunft – auf dem
Weg in die Cevennen avisiert (vgl. WF, 781).

Sieht man sie einmal in diesem Zusammenhang, dann fällt auf, dass Madeleines Aktivitäten und Impulse allesamt für die utopische Richtung des Romans
zentral stehen. Ich fasse zusammen und nehme dabei weitere Belege für diese
These mit in den Blick:

---

[41] Bei Proust heißt es: „Sobald aber ein bereits gehörtes Geräusch, ein schon vormals eingeat-
meter Duft von Neuem wahrgenommen wird, und zwar als ein gleichzeitig Gegenwärtiges
und Vergangenes, ein Wirkliches, das gleichwohl nicht dem Augenblick angehört, ein Ideel-
les, das deswegen dennoch nichts Abstraktes bleibt, wird auf der Stelle die ständig vorhandene aber gewöhnlich verborgene Wesenssubstanz aller Dinge frei, und unser wahres Ich, das
manchmal seit langem tot schien, aber es doch nicht völlig war, erwacht und gewinnt neues
Leben aus der göttlichen Speise, die ihm zugeführt wird" (Marcel PROUST: *Auf der Suche
nach der verlorenen Zeit*, Bd. 13, Frankfurt a. Main 1976, S. 276f.).

- In der Proustschen Bedeutung ihres Namens, re-präsentiert Madeleine die Gegenwärtigkeit des Vergangenen und befördert auf diese Weise namentlich bei Fonty die längst überfällige Aufarbeitung einer entscheidenden biographischen „Lücke" (WF, 402), nämlich jener rätselhaften Episode um „Lyon und die Folgen"[42].

- Von da an begleitet und beeinflusst die französische Enkeltochter den weiteren Verlauf der Dinge nur positiv. Dass die „familiäre Fracht gut aufgehoben war bei ihr" (WF, 451), beweist nicht nur jene Ruderpartie „zu dritt" (WF, 432), bei der Madeleine das Steuer übernommen hat (WF, 451). Auch bei der Krankenpflege des wieder einmal an einer typisch Fontaneschen ‚Nervenpleite' laborierenden Großvaters übernimmt sie so selbstverständlich wie erfolgreich das Ruder, dass dieser, „als hätte La petite ‚Nimm dein Bett und wandle' gesagt" (WF, 715), auf mysteriöse Weise an ihrer „bloße[n] Anwesenheit" (WF, 715) gesundet.

- Und am Ende wird man die typische Französin, die sich im Zweifelsfall immer für die Einheit entscheidet,[43] im übertragenen Sinne als Repräsentantin der deutsch-französischen Völkerverständigung sehen müssen. Insofern steht Fontys Bündnis mit seiner Enkeltochter Madeleine, die ja, wie es im Text, Bezug nehmend auf die, auch ihm explizit zugeschriebene „französische Natur" (WF, 147)[44], beider deutsch-französische Herkunft und beider Fontane-Passion heißt, ohnehin „vom Holze des Großvaters war" (WF, 440), für ein geeintes Europa[45] als utopische Perspektive des Romans ein.

Alle diese Verständigungen und Versöhnungen aber – und darin manifestiert sich eine weitere Finesse des Grassschen Erzählens in Affinität zum Fontaneschen in diesem Roman – werden auf der Ebene des kulinarischen Erzählstrangs

---

[42] Sowohl Hoftaller als Emmi als auch das Erzähler-Kollektiv, sie alle sind darüber informiert, aber keiner nennt Fontys Fehltritt beim Namen (vgl. WF 379, 388, 414, 482).

[43] So auch ihre eindeutige Position zum Dilemma der aus Fontys Sicht noch in der Einheit fortwährenden deutschen Teilung: „Aus französischer Sicht waren Einheit und Nation feststehende Tatsachen. ‚Und damit basta!' rief Madeleine" (WF, 460).

[44] Die übrigens auch Corinna Schmidt zugeschrieben wird: „Und den Treibels gegenüber betont sogar Corinna Hugenottisches, auch wenn sie Schmidt heißt" (WF, 147).

[45] Während der Arbeit an *Ein weites Feld* preist Grass in seiner Rede *Chodowiecki zum Beispiel* (1991) die Überwindung der Spannungen zwischen Preußen, Deutschland und seinem anderen Nachbarn Polen in Daniel Chodowiecki, der „Pole und Preuße zugleich" war, aber mehr als das, „ein Europäer": „Doch vielleicht könnte uns allen, den Polen und den Deutschen zuallererst, das Beispiel Daniel Chodowiecki behilflich werden. Der Zeichner und Kupferstecher war Pole und Preuße zugleich. Auf seinen Skizzen steht der lutherische Pastor neben dem polnischen Flissak. Reformierten Glaubens hing er den Ideen der europäischen Aufklärung an. Was Deutsche und Polen gerne beteuern zu sein, Chodowiecki war es: ein Europäer" (In: Günter GRASS: *Essays und Reden III*. 1980-1997. Göttingen 1997, S. 315).

nicht nur miterzählt, sondern in bezeichnender An- und Vorausdeutungstechnik symbolischer Mahlzeiten kunstvoll verdichtet. Dazu gehört ebenso, dass Fonty sich, wie bereits erwähnt, anlässlich von Marthas Hochzeit für die deutsch-französischen Offenbach-Stuben anstelle des Berliner Keglerheims entscheidet, wie die Tatsache, dass er unter dem Einfluss von Madeleine seine kulinarischen Gewohnheiten ändert. Anfangs essen und trinken die beiden noch national überkreuz: Wenn es dem Großvater „nach einem Cognac zum Kaffee" (WF, 431) ist, gelüstet es die Enkeltochter nach einem „richtige[n] Bier" (WF, 431), und zu dem Zeitpunkt, da „die Kleine" schon begeistert Emmis Berliner „Schrippen" (WF, 467) zuspricht, hält Fonty es – so anlässlich der besagten Feier des 45. Hochzeitstages in den Offenbach-Stuben – nachweislich noch mit französischer Kost. Gegen Ende des Romans aber soll Fonty, einem Bericht Hoftallers zufolge, gar mit Madeleine im Spreepark „an einem Stehtisch Faßbrause getrunken" (WF, 777) haben. Und der letzten Postkarte, die das Erzähler-Kollektiv, „diesmal vom Fernsehturm auf dem Alexanderplatz" (WF, 779), angeblich von Fonty erhalten haben soll, ist ein weiterer kulinarischer Hinweis in diese Richtung zu entnehmen, dass nämlich „Großvater und Enkeltochter im Turmrestaurant [...] ,bei toller Aussicht sehr preiswert Kohlrouladen gegessen' hatten" (WF, 779). Offensichtlich hat Fonty im Verbund mit Madeleine selbst noch seine typisch Fontaneschen Vorbehalte gegenüber allem Berlinischen preisgegeben. Ob er sich auch weiterhin an solchen „Berliner Spezialitäten" erfreuen wird, bleibt zwar – schließlich sind die beiden auf dem Weg in die Cevennen – mehr als fraglich. Dort allerdings wird er mit der Enkelin immerhin in die gastronomisch übernationalen Pilze gehen (vgl. WF, 781).

Die bösen Köche

Gisela Schneider, Bonn

Das Drama *Die bösen Köche* ist in der zweiten Hälfte der 50er Jahre entstanden – zunächst als Opernlibretto (1957) – , uraufgeführt wurde das Stück 1961 in Berlin. Im Gegensatz zu seinem 1959 erschienen Roman *Die Blechtrommel*, mit dem Grass der Durchbruch als Schriftsteller gelang, rief sein Theaterstück *Die bösen Köche* sowohl beim Publikum als auch bei den Kritikern geteilte Meinungen hervor. Während der Literaturnobelpreisträger Grass als Autor von Prosawerken und Lyrik seit der *Blechtrommel* bis heute zu den wichtigsten und erfolgreichsten deutschen Nachkriegsschriftstellern zählt und mit seinen Zeichnungen, Graphiken und Radierungen sowie seinen bildhauerischen Arbeiten Beachtung findet, konnte er sich mit seinen Theaterstücken nie im selben Maße durchsetzen. Wie eine Rezensentin im Berliner Kurier berichtete,[1] provozierte die Uraufführung der *bösen Köche* 1961 in der Werkstatt des Berliner Schiller-Theaters unter der Regie von Walter Henn einen Teil des Publikums zu Buh-Rufen, die jedoch einem langsam stärker werdenden Applaus wichen. Einige der zeitgenössischen Rezensenten haben nur wenig Gutes zu sagen. Man fühlt sich „an der Nase herumgeführt"[2], findet „läppische Gartenlaubenlyrik"[3] vor und fragt sich, was „in aller Welt [...] den sonst so kunstverständigen Grass bewogen haben [mag], sein Gericht über fünf Gänge zu strecken, statt es uns in einem einzigen zu servieren?"[4] Demgegenüber sieht Friedrich Luft in seiner Rezension in der *Welt* das Drama in einem wesentlich positiveren Licht: „Das Stück (und das ist sein Reiz, seine Begabung und seine moderne Interessantheit) ist auf listige Weise vieldeutig."[5]

---

[1] Ilse URBAN: *Scharfes Süppchen von Günter Grass*. In: Der Kurier, Berlin, 17.02.1961. Auch in: Gerd LOSCHÜTZ: *Von Buch zu Buch – Günter Grass in der Kritik*. Neuwied, Berlin: Luchterhand 1968, S. 122-123.
[2] Werner FIEDLER: *„Der Rest ein dunkles Sößchen"*. In: Der Tag, Berlin, 18.02.1961. Hier zitiert nach dem Abdruck in: Gerd LOSCHÜTZ: *Von Buch zu Buch – Günter Grass in der Kritik*. Neuwied, Berlin: Luchterhand 1968, S. 128.
[3] Ebd.
[4] Günther GRACK: *Fünf Gänge, die nicht sättigen*. In: Der Tagesspiegel, Berlin, 18.02.1961. Hier zitiert nach dem Abdruck in: Gerd LOSCHÜTZ: *Von Buch zu Buch – Günter Grass in der Kritik*. Neuwied, Berlin: Luchterhand 1968, S. 128.
[5] Friedrich LUFT: *Hier macht die Logik fröhlich Handstand*. In: Die Welt, 18.02.1961. Hier zitiert nach dem Abdruck in: Gerd LOSCHÜTZ: *Von Buch zu Buch – Günter Grass in der Kritik*. Neuwied, Berlin: Luchterhand 1968, S. 126.

In der literaturwissenschaftlichen Beschäftigung mit dem Drama nimmt Peter Spychers 1966 erschienener Aufsatz über *Die bösen Köche* als absurdes Drama als erste ausführlichere Untersuchung eine wichtige Stellung ein. Er liest *Die bösen Köche* als Drama über Dichtung und Dichtungstheorie. Spycher geht dabei von einer Bedeutungsebene aus, die jenseits der konkret erzählten Geschichte liegt, indem er zum Beispiel die Rede von einem Suppenrezept als die Rede über Kunstauffassungen interpretiert. Weitere Interpretationsansätze stellen die politische oder auch religiöse Dimension des Dramas heraus oder lesen die Suche nach dem Suppenrezept als Suche nach einem Lebensrezept.[6]

Mit diesem Aufsatz soll den o.g. Lesarten eine weitere, nämlich kulinarische, hinzugefügt werden. Zentrale kulinarische Motive, die in Grass' Werk eine wichtige Rolle spielen, sind in den *Bösen Köchen* bereits angelegt. Liest man das Drama als Rede vom Essen (Essen in einem erweiterten Sinne, also auch den Bereich des Kochens einbeziehend), bietet dies einen interessanten Ansatz für weitergehende Fragen wie die nach den historischen und gesellschaftlichen sowie diskursiven Kontexten. Im folgenden soll aufgezeigt werden, dass und inwiefern man die *Bösen Köche* als Beitrag zum zeitgenössischen kulinarischen Diskurs lesen kann. Am Beispiel des Bereichs Kunst soll zudem gezeigt werden, wie Grass die Rede vom Essen mit einem anderen Bereich auf der Grundlage der Annahme einer strukturellen Analogie kunstvoll verknüpft.

Der Diskurs des Essens in dem Drama *Die bösen Köche*

Das Drama *Die bösen Köche* ist im Küchenmilieu, wie Grass es selber nennt, angesiedelt und beschäftigt sich vordergründig mit einem kulinarischen Problem. Im Mittelpunkt stehen eine Gruppe von fünf Köchen – der Chef Petri, Grün, Stich, Benny und Stephan, genannt Vasco – und ihr Gegenspieler Herbert Schymanski, der von allen nur der Graf genannt wird. Der Graf hat in dem Re-

---

[6] Weitere Literatur: Joachim KAISER: *Die Theaterstücke des Günter Grass*. In: Günter Grass. Hg. von Heinz Ludwig Arnold. Text + Kritik. H. 1/1a. Vierte Auflage. München: Richard Boorberg Verlag. Oktober 1971, S. 52-66; Hanspeter BRODE: *Günter Grass*. München: Beck 1979 (= Autorenbücher 17), S. 48-51; Norbert HONSZA: *Dokumente einer unglücklichen Liebe?* Zu den Dramen von Günter Grass. In: Zu Günter Grass. Geschichte auf dem poetischen Prüfstand. Hg. von Manfred Durzak. Stuttgart: Klett 1985 (= LGW-Interpretationen 68), S. 155-165; Volker NEUHAUS: *Günter Grass*. 2., überarbeitete und erweiterte Auflage, Stuttgart: J. B. Metzler 1992 (= Sammlung Metzler, Realien zur Literatur. Bd. 179), S. 193-206; Manfred JURGENSEN: *Über Günter Grass*. Untersuchungen zur sprachbildlichen Rollenfunktion. Bern: Francke 1974, S. 111-134; Dieter STOLZ: *Vom privaten Motivkomplex zum poetischen Weltentwurf*. Konstanten und Entwicklungen im literarischen Werk von Günter Grass (1956-1986). Würzburg: Königshausen & Neumann 1994 (Diss.), S. 184-199; Dieter STOLZ: *Günter Grass zur Einführung*. Hamburg: Junius 1999, S. 91-98.

staurant, in dem die Köche beschäftigt sind, gelegentlich und aus Spaß eine Suppe gekocht, die bei den Gästen großen Beifall fand. Das Rezept zu dieser ‚grauen Suppe' wird Gegenstand des Begehrens der Köche. Um ihre Exklusivität und ihren guten Ruf fürchtend und von ihrem Arbeitgeber, dem Wirt, gedrängt, versuchen sie mit allen erdenklichen Mitteln, in den Besitz dieses Rezeptes, das der Graf ihnen verweigert, zu kommen.

Obwohl in unschuldiges Weiß gekleidet, sind die Köche, wie schon der Titel ankündigt, alles andere als unschuldige und gute Menschen. Im ersten Akt gibt es bereits einige Hinweise darauf, dass der Beruf des Kochs nicht automatisch positiv besetzt ist. Als noch nicht alle Köche auf der Bühne versammelt sind, fragt bereits einer von ihnen: „Wem wollt ihr die Suppe versalzen?" (VIII, Köche, S. 160)[7]. Und in einem Lied, das die Köche gemeinsam singen, nachdem sie alle die Bühne betreten haben, wird das Motiv des Kochs in einen dunklen Zusammenhang gestellt: ‚Nacht', ‚schwarz', ‚böse', ‚dunkel' und ‚verführen' sind die tragenden Wörter in dem Lied, dessen Refrain lautet: „Die Nacht ist voller Köche!" (VIII, Köche, S. 162 f.)[8]

> Vier Köche aus dem Häuschen,
> ein weißes böses Sträußchen,
> das blüht in schwarzer Nacht
> und lacht und lacht
> und lacht und lacht und lacht. (VIII, Köche, S. 162)

Nichts Gutes ist von diesem bösen Sträußchen zu erwarten. Der Refrain „Die Nacht ist voller Köche" klingt wie eine Drohung, die weiße Farbe dient den Köchen zur Tarnung, ihre dunkle Seele versteckt sich in weißen Gewändern.

Der Graf empfindet die Köche denn auch als Bedrohung, und mit dieser bedrohlichen Komponente zeigt das Motiv des Kochs hier Verwandtschaft mit dem der Schwarzen Köchin aus der *Blechtrommel*.[9]

Die Gruppe der Köche unter der Leitung Petris wird charakterisiert als eine Art Interessengemeinschaft, die den Löffel in der Hand halten möchte, die also Macht und Kontrolle anstrebt, und die dabei von nicht ganz selbstlosen und un-

---

[7] Die Primärtexte werden im Fließtext zitiert mit römischer Angabe des Bandes nach: Günter GRASS: Werkausgabe in zehn Bänden. Hg. von Volker Neuhaus. Neuwied: Luchterhand 1987.

[8] Siehe hierzu auch Dieter STOLZ: *Vom privaten Motivkomplex zum poetischen Weltentwurf.* Konstanten und Entwicklungen im literarischen Werk von Günter Grass (1956-1986). Würzburg: Königshausen & Neumann 1994 (Diss.), S. 185: „In jeder Geburtsszene dieses Vorspiels kommt bereits der früher oder später zu erwartende Spielverderber, der jede Lebenssuppe versalzt […], zum Vorschein. In jedem unschuldigen Weiß versteckt sich ein rabenschwarzer Koch."

[9] Siehe hierzu auch: Norbert REMPE-THIEMANN: *Günter Grass und seine Erzählweise.* Zum Verhältnis von Mythos und literarischer Struktur. Bochum: Universitätsverlag Dr. N. Brockmeyer 1992 (= Bochumer germanistische Studien. Bd. 2) (Diss.), S. 47.

schuldigen Motiven geleitet wird. Zu Beginn des Dramas befinden sich die Köche in Gefahr, ihre Machtposition in der Küche zu verlieren. Ein Hobbykoch,
der Graf, kommt den Berufsköchen in die Quere mit einer Suppe, die bei den
Gästen ein großer Erfolg geworden ist. Petri treibt seine Mannschaft an: „Wir
befinden uns in Gefahr, unser guter Ruf scheint erschüttert, die Leute wenden
sich ab, es schmeckt ihnen nicht mehr bei uns." (VIII, Köche, S. 161). All ihr
Sinnen und Trachten zielt nun während der fünf Akte des Dramas darauf, das
Suppenrezept des Grafen in die Hände zu bekommen.

Vasco, der unter den Köchen eine besondere Stellung einnimmt und am Ende
dem Rezept am nächsten kommt, macht sich ohne das Wissen der anderen an
den Grafen heran, um ihm das geheime Rezept zu entlocken. Aber schon mit
seiner Frage nach dem Namen der Suppe stößt er beim Grafen auf Widerstand.
Sie wird nach ihrer Farbe von allen die ‚graue Suppe' genannt – eine Farbe, die
bei Grass positiv besetzt ist –, aber der Graf wiegelt ab:

> Du solltest nicht darauf hören. Sie hat gar keinen Namen. […] Schön, ich gebe zu, es
> fällt einem allerlei ein. Novembersuppe, Suppe des Phönix, die graue Eminenz. Ja stell
> dir vor, nach dem alten Holstein wollte ich sie nennen, das war ein großer Koch. (VIII,
> Köche, S. 167)[10]

Mit seinen Assoziationen zur Farbe Grau schafft der Graf die Verbindung zu
einer wesentlichen Zutat der Suppe, der Asche.[11] Von Vasco bedrängt gibt er
schließlich so viel preis: „Es ist eine Kohlsuppe, eine ganz gewöhnliche Kohlsuppe. Nur tu ich eine ganz bestimmte Menge ganz besonderer Asche daran"
(VIII, Köche, S. 170).

In einer Traumsequenz versuchen die Köche, ohne Rezept die begehrte Suppe
nachzukochen. Sie verrühren gemeinsam neun genau abgewogene Zutaten. Da-

---

[10] Unter der grauen Eminenz verbirgt sich Friedrich von Holstein, der als Diplomat „im Aus-
wärtigen Amt Gegner Bismarcks […] angeblich im Hintergrund die Fäden zog. Nach ihm ist
das Schnitzel Holstein benannt – Kalbsschnitzel mit Fischgarnitur und Spiegelei" (Anmerkungen zu den Theaterspielen. In: WA VIII, S. 574).
[11] Zum Motiv der Farbe Grau siehe: WA IV, *Tagebuch einer Schnecke*, S. 334: „Grau beweist, daß nirgendwo schwarz ist."
WA I, Gedichte, S. 98: *Askese* (aus: *Gleisdreieck*). Zu diesem Gedicht schreibt Grass in
Schreiben nach Auschwitz, S. 16: „Es heißt ‚Askese', ist, wie auf Anhieb, ein programmati-
sches Gedicht und schlägt den für mich bis heute bestimmenden Grundwert Grau an." Sich
auf Adornos berühmt gewordene Problematisierung des Schreibens von Lyrik nach
Ausschwitz beziehend, schreibt er weiter: „Seiner [Adornos] Gesetzestafel entlehnte ich
meine Vorschrift. Und diese Vorschrift verlangte Verzicht auf reine Farbe; sie schrieb das
Grau und dessen unendliche Abstufungen vor. Es galt, den absoluten Größen, dem ideologischen Weiß oder Schwarz abzuschwören, dem Glauben Platzverweis zu erteilen und nur noch
auf Zweifel zu setzen, der alles und selbst den Regenbogen graustichig werden ließ. Und
obendrein verlangte dieses Gebot Reichtum neuer Art: mit den Mitteln beschädigter Sprache
sollte die erbärmliche Schönheit aller erkennbaren Graustufungen gefeiert werden" (S. 18f.).

bei gehen sie eher wie Mathematiker oder Chemiker als wie kreative Köche vor. Heraus kommt dann auch nicht die schmackhafte Suppe des Grafen, sondern eine eher eklige Substanz, die an die widerliche Ziegelmehlsuppe in der *Blechtrommel* erinnert. Wie dort Oskar von den Nachbarskindern – die auch als „Suppenköche" (II, Bt, S. 113) bezeichnet werden, die ihm nachstellen – gezwungen wird, die ekelhafte Suppe zu trinken, so wollen auch die bösen Köche ihren Kollegen Vasco dazu zwingen, „ein Löffelchen voll" (VIII, Köche, S. 183) zu kosten. Anders als Oskar wacht jedoch Vasco rechtzeitig aus seinem unangenehmen Traum auf. Die Szene wiederholt sich, als die Köche Vasco misstrauen und befürchten, dass es ihm gelungen ist, dem Grafen das Rezept zu entlocken, ohne es mit ihnen zu teilen. Sie setzen Vasco unter Druck, indem sie ihm mit „ein[em] Löffelchen voll" (VIII, Köche, S. 192) drohen. Nur das plötzliche Auftauchen des Grafen rettet ihn aus dieser Situation.

Es zeigt sich im Verlauf des Dramas, dass die Köche entschlossen sind, vor keinem Mittel zurückzuschrecken, wenn es sie nur zu dem Rezept führt, denn ohne Rezept will ihnen eine der grauen Suppe ebenbürtige Suppe nicht gelingen. Stark unter Druck gesetzt, gibt der Graf jedoch schließlich preis, dass es „sich hier nicht um irgendein x-beliebiges Rezept [handelt], sondern um [sein] armseliges, ganz privates kleines Geheimnis" (VIII, Köche, S. 206). Damit impliziert er, dass es sich nicht um ein mitteilbares Rezept zum Nachkochen handelt, sondern nur für ihn persönlich funktioniert. Die Köche reagieren jedoch nur auf das Wort ‚Geheimnis', denn das ist ja schließlich etwas, was man verraten kann. Sie greifen nun zu einer letzten List und bieten ihm Vascos Freundin, die Krankenschwester Martha, im Tausch gegen das Rezept an. Der Graf nimmt an unter der Bedingung, dass Martha für eine Weile sozusagen auf Probe bei ihm wohnt. Sollte sie nach einigen Wochen immer noch bei ihm bleiben wollen, als seine Frau, so ist er bereit, das Rezept zu verraten. Scheinbar also haben die Köche nun ihr Ziel erreicht, aber sie triumphieren zu früh. Als sie nach einiger Zeit den Grafen, der ganz offensichtlich harmonisch und glücklich mit Martha zusammenwohnt und sie sogar als seine Frau (VIII, Köche, S. 222) bezeichnet, an den Handel erinnern, erteilt der Graf ihnen wieder eine Abfuhr. Es ist allerdings nicht allein Misstrauen und Abneigung gegenüber den Köchen, was den Grafen daran hindert, ihnen sein Rezept zu verraten. Weiter in die Enge getrieben, gibt er schließlich zu, dass „es […] kein Rezept [ist], es ist eine Erfahrung, ein bewegliches Wissen, ein Wandel..." (VIII, Köche, S. 222). Und gerade die Köche sollten doch wohl wissen, „daß es noch nie einem Koch gelang, zweimal dieselbe Suppe zu kochen" (VIII, Köche, S. 222). Und hinzu kommt nun, dass der Graf diese Erfahrung, die sich als bewegliches Wissen auch verändern kann, nun gar nicht mehr mitteilen kann, weil er durch die neue Erfahrung seiner Liebe zu Martha vergessen hat, worin sie eigentlich bestand. Sein neues Leben „hat diese Erfahrung überflüssig gemacht. [Er hat] sie vergessen" (VIII, Köche, S. 223).

Diese Erklärung können die Köche weder nachvollziehen noch akzeptieren. Vasco scheint als einziger ein gewisses Verständnis für den Grafen zu entwickeln, was ihm schließlich zum Verhängnis wird. Da der Graf sieht, dass er den Nachstellungen der Köche nicht entkommen kann, und da er außerdem ihr Begehren nicht erfüllen kann, sieht er nur einen Ausweg, den Selbstmord. Er erschießt sich und Martha. Und die Köche, die das Misslingen ihrer Mission einfach nicht einsehen wollen, wenden sich mit ihrer Forderung nach dem Rezept nun an Vasco, der mit Flucht reagiert.[12]

Gegenstand des kulinarischen Begehrens der Köche ist ein Rezept, dessen Erstellung ein kreativer, schöpferischer Akt ist. Eine Idee wird in eine Form gebracht, in eine sinnlich wahrnehmbare Form. Durch Sehen, Riechen und Schmecken wird die Idee des Gerichts für andere erfahrbar. Von Seiten des Schöpfers geht in das Rezept neben der Idee für das Gericht vor allen Dingen Erfahrung ein. Zutaten, Mengenangaben und Handlungsanweisungen sind das Ergebnis eines Prozesses, in dem verschiedene Kombinationsmöglichkeiten und Vorgehensweisen ausprobiert werden. Das Rezept, das schließlich niedergeschrieben und anderen zur Verfügung gestellt wird, ist eine Art Modell. Wenn verschiedene Köche dasselbe Rezept zugrunde legen, so muss das noch lange nicht bedeuten, dass identische Gerichte entstehen, denn auch der Kochvorgang nach Rezept trägt individuelle Züge. Das Rezept wird gewissermaßen „jedesmal beim Kochen neu entdeckt"[13]. Rezepte dienen Kochenden als Handlungsanleitung auf dem Weg zum ersehnten Ziel, dem Gericht.[14] Aber nicht nur die Schaffung eines neuen Rezepts kann als ein künstlerischer Akt gesehen werden. Auch in der Ausführung liegt eine künstlerische Komponente. Auf diese beiden Seiten des Rezepts, also den schöpferischen Charakter einerseits und den Aspekt der Erfahrung andererseits, spielt Grass in seinem Drama *Die bösen Köche* mehrfach an. Das Rezept, welches der Graf zunächst nicht an die Köche weitergeben

---

[12] Zur Sonderrolle, die Vasco einnimmt, siehe: Peter SPYCHER: *Die bösen Köche von Günter Grass – ein absurdes Drama?* In: Germanisch-Romanische-Monatsschrift. Bd. 47. Heidelberg: Carl Winter 1966, S. 174-178. Siehe außerdem: Dieter STOLZ: *Vom privaten Motivkomplex zum poetischen Weltentwurf.* Konstanten und Entwicklungen im literarischen Werk von Günter Grass (1956-1986). Würzburg: Königshausen & Neumann 1994 (Diss.), S. 194-199.

[13] Dieter STOLZ: *Günter Grass zur Einführung.* Hamburg: Junius 1999, S. 93.

[14] Auf einen im Zusammenhang mit dem Drama *Die bösen Köche* interessanten Aspekt macht Claus-Dieter Rath aufmerksam: „Rezepte sind immer auch Antworten auf die materiellen Plagen und ideologischen Sorgen der Zeit: sie erscheinen als Ausdruck und Garant richtiger, zeitgemäßer Lebensführung, als – oft magisches – Patentrezept, versprechen sie doch Fitness, Schaffenskraft, Schutz vor Krankheiten, Schönheit und zufriedene Gäste, ein langes, freudiges und erfolgreiches Leben" (Claus-Dieter RATH: *Zur Psychoanalyse der Eßkultur.* In: Kulturthema Essen. Ansichten und Problemfelder. Hg. von Alois Wierlacher, Gerhard Neumann u. Hans Jürgen Teuteberg. Berlin: Akademie 1993 [= Kulturthema Essen. Bd. 1]. S. 151-176, hier S. 160).

will und schließlich nicht mehr weitergeben kann, ist keine Formel, sondern wird vom Grafen selber als „Erfahrung, bewegliches Wissen, ein Wandel" (VIII, Köche, S. 222) beschrieben. Es ist nicht irgendein Rezept, sondern sein „ganz privates kleines Geheimnis" (VIII, Köche, S. 206).[15] Und das gibt er nicht einfach so weiter, schon gar nicht an eine Gruppe von Köchen, denen er misstraut und die ihm Angst einjagen: „Dabei habe ich Angst. Sie erschrecken mich, die Art, wie sie auftreten, nimmt mir den Atem und macht mir Mühe, gelassen zu bleiben" (VIII, Köche, S. 164). Die Köche ihrerseits erweisen sich als eines solchen Rezepts unwürdig. Es fehlt ihnen jegliche Einsicht in den Charakter eines Rezepts. Sie haben weder für die schöpferische Leistung Verständnis, noch sehen sie die Bedeutung, die in der individuellen Ausführung liegt. Sie sind lediglich daran interessiert, eine identische Kopie der Suppe des Grafen herzustellen, und mit dieser kurzsichtigen Haltung müssen sie schließlich scheitern. Der Graf teilt seine vorsichtige Haltung im Umgang mit Rezepten mit seinem Schöpfer, dem Autor Günter Grass. Im Gespräch mit Heinz Ludwig Arnold erinnert sich Grass an seine ersten Erfahrungen als Steinmetzlehrling. Eine entscheidende Hilfe war für ihn in jener Zeit, dass ihm ein älterer Kollege das Rezept für eine Kittmischung verriet, so dass er abgesprungene Teile von Denkmälern, die er wieder befestigen sollte, auch wirklich haltbar befestigen konnte.

> Und wenn mich heute jemand fragen sollte, wie diese Mischung sei, würde ich sie nicht verraten, da sie ja offenbar mit dem Rezept auf mich übertragen ist. Daß man Rezepte nur nach genauer Prüfung weitergibt, ist vielleicht ein etwas meisterhaftes Verhalten, aber ich halte es für angemessen.[16]

Auch der Graf legt zunächst dieses meisterhafte Verhalten an den Tag. Er ist nicht bereit, den obskuren Köchen sein Rezept mitzuteilen. Später im Drama kann er es dann auch nicht mehr, selbst wenn er wollte, denn hier kommt ein

---

[15] Vgl.: Gisèle HARRUS-RÉVIDI: *Die Kunst des Genießens*. Eßkultur und Lebenslust. Düsseldorf, Zürich: Artemis & Winkler 1996 (Frz.: Psychoanalyse de la gourmandise. Paris: Editions Payot), S. 8f.: „Die Aufzeichnung eines Rezepts verdeckt das Wesentliche, wird weder der Qualität des Produkts noch der Kunstfertigkeit des Kochs gerecht."

[16] Heinz Ludwig ARNOLD: *Gespräch mit Günter Grass*. In: Günter Grass. Hg. von Heinz Ludwig Arnold. Text + Kritik. H. 1/1a. Vierte Auflage. München: Richard Boorberg Verlag. Oktober 1971, S. 15f. Während Grass jedoch in seinem Drama um die bösen Köche den Eindruck vermittelt, Rezepte seien überhaupt nicht auf andere übertragbar, so lockert sich diese Haltung später. So geht er in seiner hier zitierten Aussage im Gespräch mit Arnold nicht von einer Unübertragbarkeit von Rezepten aus, sondern von einer Verantwortung, die mit der Kenntnis von Rezepten verbunden ist. Und sein Gedicht *Irgendwas machen* aus dem Band *Ausgefragt* von 1967 schließt mit den Worten: „Ich weiß ein Rezept; wer kocht es mir nach?" (In: I, Gedichte, S. 187). Kontext des Zitats ist hier ein politischer. Siehe hierzu auch Gertrude CEPL-KAUFMANN: *Günter Grass*. Eine Analyse des Gesamtwerkes unter dem Aspekt von Literatur und Politik. Kronberg/Ts.: Scriptor 1975 (= Skripten Literaturwissenschaft 18), S. 148.

weiteres Wesensmerkmal von Rezepten zum Tragen: Sie sind an Kontexte und Erinnerung gebunden.

Ausgehend von einst gemachten Eindrücken, will der Koch in seinen neuen Schöpfungen das längst Vergangene lebendig werden lassen. Die Kochkunst wird zum Gradmesser eines nur durch das Nachempfinden wiederholbaren Eindruckes.[17]

Der Graf erfährt durch seine Liebe zu Martha eine Veränderung, die ihn zu einem anderen Menschen werden lässt. Seine in das Rezept für die graue Suppe eingebrachten Erfahrungen gehören der Vergangenheit an und sind nun überflüssig geworden. Somit braucht er auch das Rezept nicht mehr. Ein rekonstruierendes Nachempfinden ist ihm nicht mehr möglich, und das Rezept ist verloren.

Ein weiterer Aspekt in Grass' Diskurs des Essens im Rahmen des Dramas *Die bösen Köche* stellt die Tatsache dar, dass es sich bei dem begehrten Rezept um ein Suppenrezept handelt. Das Motiv der Suppe zieht sich ähnlich wie das der Fische durch das Werk von Grass. Berühmt geworden ist vor allem die ekelhafte Ziegelmehlsuppe, die der Blechtrommler Oskar gezwungen wird zu essen.

Aus der Zeit der Entstehung der *Bösen Köche* liegt eine marktpsychologische Untersuchung zum Thema Suppe vor, die einige interessante Ergebnisse zur kulturellen Bedeutung der Suppe erzielte.[18] Die Untersuchung, bei der es darum ging, die Grundlage für eine Marketingstrategie für die Einführung eines neuen Suppenprodukts zu liefern, fragte nach den Bedeutungen, mit denen Suppe von den Konsumenten belegt wird. Am häufigsten wurden Begriffe wie ‚Mutter‘, ‚Familie‘ und ‚Wärme‘ mit dem der Suppe assoziiert. Ernest Dichter stellt fest,

daß Suppe, die eine Ernährungsform ist, gleichzeitig noch viel mehr bedeutet. Sie ist ein mächtiges Zaubermittel, das nicht nur den leiblichen Hunger stillt, sondern gleichzeitig mit dem seelischen Verlangen etwas zu tun hat. Man spricht von Suppe wie von einem Produkt aus der geheimnisvollen Alchimistenküche, wie von einem Liebessymbol, das ein mysteriöses Nagen an der Seele zum Schweigen bringt. Besonders im heißen Zustand, als Gebräu, als Trank, scheint die Suppe so alt zu sein wie die ersten Zeichen menschlicher Zivilisation. [...] Der Suppe ist die Macht der Befriedigung gegeben. Sie ist ein Erzeugnis der „Küchenfee". Immer schon wurde den Kräutern mehr als nur erdhafte Kraft zugetraut. Da nun eine gute Suppe eine Vielzahl von ihnen enthält, gehen die transzendenten Eigenschaften legendärer Tränke auf sie über. Suppe kommt aus der Märchenküche, sie wird durch „Zauberkraft" der Mutter zubereitet. „Dieses Süppchen

---

[17] Georg F. SCHWARZBAUER: *Kunst und Küche*. Fragmentarische Hinweise zum Thema. Exemplarische Beispiele unseres Jahrhunderts. In: Vom Essen und Trinken. Darstellungen in der Kunst der Gegenwart. Hg. von Ursula Peters u. Georg F. Schwarzbauer. Wuppertal: o.V. 1987. S. 8-24, hier S. 18.

[18] Ernest DICHTER: *The Strategy of Desire*. London: Boardman 1960 (Dt.: Strategie im Reich der Wünsche. Düsseldorf: Econ 1961). Die Untersuchung zur kulturellen Bedeutung bezieht sich zwar nicht auf Deutschland, die erzielten Ergebnisse lassen sich jedoch auf Deutschland als westliche Kultur übertragen. Für die vorliegende Übersetzung wurde die deutsche Ausgabe verwendet: Strategie im Reich der Wünsche. Darin besonders die Seiten 172-174.

wirkt Wunder!" Sie schützt, heilt, gibt Kraft und Mut und ein Gefühl der Geborgenheit.[19]

Wenn Grass seine Köche auf das Rezept für die graue Suppe ansetzt, so lässt er sie nach mehr als nur einer Kochanleitung für irgendein Gericht streben. Mit der Fähigkeit, diese Suppe zu kochen, erhielten die Köche die Macht, über jene Attribute zu verfügen, die der Suppe zugeschrieben werden.

Liest man das Motiv der Suppe über die Grenzen des Dramas *Die bösen Köche* hinaus im Kontext mit dem Roman *Die Blechtrommel,* so erweitert sich die Liste der Attribute, die mit dem Motiv der Suppe verbunden sind, über die oben genannten in der zeitgenössischen westlichen Kultur offensichtlich standardisierten Assoziationen hinaus. Interpretiert man die blubbernde und zischende Flüssigkeit, die aus der Verbindung Brausepulver und Spucke entsteht, auch als eine Art Suppe, so verweist diese am deutlichsten auf die Wunder wirkende Kraft, die Suppen zugeschrieben wird. Im Falle der Brausepulversuppe entfaltet sich die Kraft auf erotischem Gebiet. Die ekelhafte Ziegelmehlsuppe jedoch und auch die Aalsuppe, die Matzerath aus jenen Aalen zubereitet, vor denen sich seine Frau ekelt und deren Konsum sie verweigert, lassen das Motiv der Suppe in Grass' Texten äußerst ambivalent erscheinen. Diese beiden Suppen verheißen gesellschaftliche Zwänge und in letzter Konsequenz den Tod.[20] Die Ambivalenz des Motivs zeigt sich auch in den *Bösen Köchen.* Zwar erscheint die graue Suppe als etwas Positives, Anstrebenswertes, aber weder den hinter ihrem Rezept herjagenden Köchen noch dem das Wissen um ihr Rezept nicht teilenden Grafen bringt sie Glück.

Soweit zum kulinarischen Diskurs im Drama *Die bösen Köche.* In einem nächsten Schritt soll es nun darum gehen zu zeigen, inwiefern *Die bösen Köche* ein Beitrag zum Diskurs des Essens der späten 50er Jahre in der Bundesrepublik Deutschland sind.

Die bösen Köche als Beitrag zum Diskurs des Essens der späten 50er Jahre in der Bundesrepublik Deutschland

Grass hat dieses kulinarische Verfolgungsstück, in dem Berufsköche im Streit um ein Rezept gegen einen Hobbykoch antreten, in der zweiten Hälfte der 50er Jahre geschrieben. Kulinarisch gesehen befand sich die junge Wirtschaftswunderrepublik zu diesem Zeitpunkt in einer fast paradox zu nennenden Situation.

---

[19] Ernest DICHTER: *The Strategy of Desire,* S. 172-173.
[20] Vgl.: William SLAYMAKER: *Who Cooks, Winds Up.* The Dilemma of Freedom in Grass' ‚Die Blechtrommel' and ‚Hundejahre'. In: Colloquia Germanica. Internationale Zeitschrift für germanische Sprach- und Literaturwissenschaft. Bd. 14. Bern: Francke 1981. S. 48-68, hier S. 51f.

Nach den langen Jahren der Entbehrungen während des Zweiten Weltkrieges und der ersten Zeit danach, in der große Bevölkerungsschichten immer noch sehr stark gezwungen waren zu sparen, schöpften die Bundesbürger in den späten 50er Jahren aus dem vollen. In ihrem Konsumverhalten manifestierte sich ihr Wunsch nach der Ausbildung eines Lebensstils, der wesentlich dadurch bestimmt war, sich immer mehr und immer bessere Waren leisten zu können.[21] Der Bereich der Ernährung avancierte in diesem Zusammenhang zum Statussymbol. Beim Essen sollte nicht mehr gespart werden, man wollte sich etwas Gutes gönnen, und zwar ohne jede Ein- und Beschränkung. In ihrer *Geschichte des modernen Lebensstils* schreibt Ursula A. Becher: „Nach den Entbehrungen der frühen Nachkriegszeit, den traumatischen Erfahrungen des Hungers, wurde das Essen zur Lieblingsbeschäftigung: die sogenannte ‚Freßwelle' bestimmte die fünfziger Jahre."[22]

Obwohl man den Begriff ‚Fresswelle' in seiner Generalisierung und Vereinfachung nur mit Vorsicht verwenden sollte, wie Michael Wildt in seiner Konsumgeschichte der 50er Jahre zu recht bemerkt,[23] so eignet er sich doch sehr gut, um eine bestimmte Tendenz im Konsumverhalten der Bundesbürger zu dieser Zeit zu veranschaulichen, nämlich dass das üppige Essen als Ausdruck eines konsumorientierten Lebensstils einen hohen Stellenwert innehatte. Wildt weist außerdem darauf hin, dass der Konsum und mithin auch der Bereich der Ernährung in den 50er Jahren mehr und mehr mit Bedeutungen verknüpft wurde, die jenseits der konsumierten Produkte lagen.[24]

---

[21] Siehe hierzu: Michael WILDT: *Vom kleinen Wohlstand*. Eine Konsumgeschichte der fünfziger Jahre. Frankfurt am Main: Fischer 1996 (= Fischer TB Geschichte 13133), insbesondere die Schlussbetrachtung ‚Konsum als Lebenspraxis', S. 227-246.

[22] Ursula A. BECHER: *Geschichte des modernen Lebensstils*. Essen, Wohnen, Freizeit, Reisen. München: Beck 1990, S. 97.

[23] „Im Bild des Westdeutschen als Vielfraß, der nicht die feinen Speisen, sondern die fetten, und diese in möglichst großen Mengen, begehrt, lebt eine Vorstellung wieder auf, die dem Mangel nur die Völlerei, dem Hunger nur das Fressen gegenüberzustellen weiß, in der die Differenziertheit selbst des kärglichen Essens kaum wahrgenommen wird. Der Topos von der ‚Freßwelle' verschweigt ja nicht nur die nach wie vor angespannte Situation vieler Familien in den fünfziger Jahren, die es keinesfalls erlaubte, all die Herrlichkeiten zu kaufen, die in den Schaufenstern auslagen. Er verleitet auch zu der Vorstellung, daß die Befriedigung in den ersten Nachkriegsjahren in der Menge, im ‚In-Sich-Hineinstopfen' gelegen habe und weniger im Genuß lang entbehrter Nahrungsmittel, im wieder erfahrbaren Geschmack von bestimmten Speisen" (Michael WILDT: *Vom kleinen Wohlstand*. Frankfurt am Main: Fischer 1996, S. 77-78).

[24] 1961 kommt Roland Barthes übrigens bezogen auf die französische Gesellschaft zu folgender Prognose: „Die Nahrung wird, kurz gesagt, an Substanz verlieren und an Funktion gewinnen..." (Roland BARTHES: *Für eine Psycho-Soziologie der zeitgenössischen Ernährung*. In: Freiburger Universitätsblätter 75. Freiburg: 1982. S. 65-73, hier S. 73 – frz.: *Pour une psycho-sociologie de l'alimentation contemporaine*. In: Annales 16. 1961. S. 977-986).). Siehe hierzu

Konsum in den fünfziger Jahren verband sich immer mehr dieser semiotischen Dimension – Geschmack als Ausdruck eines spezifischen, durch gesellschaftliche Normen geprägten Stils, der die sinnliche Bedeutung des Begriffs überlagerte.[25]

Dies wird besonders deutlich, wenn man eine weitere Tendenz der Küche der späten 50er Jahre genauer betrachtet, die zunehmende Internationalisierung der Rezepte.[26] Mit wachsender Verfügbarkeit auch exotischerer Lebensmittel begannen die Bundesbürger ihren Traum vom Reisen in südliche Länder zunächst kulinarisch zu antizipieren. „Der Küchenzettel wurde zur Entdeckungsreise, der Geschmack der fremden Länder konnte schon probiert werden, bevor die erste Urlaubsreise nach Jugoslawien oder Frankreich führte."[27] Die Rezepte, die in den verschiedensten Zeitschriften veröffentlicht wurden, erhielten zunehmend internationale Attribute wie zum Beispiel ‚nach französischer Art', ‚nach Mailänder Art' und Hackfleischbällchen gab es plötzlich als ‚portugiesische Frikadellen', ‚Beefsteaks auf Lyoner Art', ‚griechischer Hackbraten im Mantel', ‚Tessiner Fleischpudding' und ‚Pariser Hackbraten'. Dabei hatten diese Gerichte in der Regel sehr wenig mit der Küche derjenigen Länder zu tun, deren Namen sie sich bedienten. Es ging vielmehr darum, etwas vom Ambiente, Flair und Image der fernen und für viele immer noch unerreichbaren Länder auf den heimischen Küchentisch zu bringen. Grass spielt nicht zuletzt auch hierauf an, wenn er in der *Blechtrommel* die Düsseldorfer Nachkriegsgesellschaft Lokale bevorzugen lässt, die „Raviolistübchen" oder „Paprika" heißen (II, Bt, S. 643). Michael Wildt stellt fest,

daß es in der Rhetorik dieser Rezeptseiten nicht um Authentizität ging, nicht um das tatsächliche Kennenlernen fremder Küchen, sondern die Arbitrarität der Zeichen im Vordergrund stand. Die Rezeptvorschläge bezeichneten nicht regionale Küchen, sie verwiesen vielmehr auf Stimmungen im Nachkriegsdeutschland in der zweiten Hälfte der fünfziger Jahre, wieder „dazugehören" zu wollen, wieder ein anerkanntes Mitglied der internationalen Staatengemeinschaft zu werden, die offenkundig vornehmlich das europäi-

---

auch: Ottmar ETTE: *Roland Barthes*. Eine intellektuelle Biographie. Frankfurt am Main: Suhrkamp 1998 (= edition suhrkamp 2077), S. 216.

[25] Michael WILDT: *Vom kleinen Wohlstand*. Frankfurt am Main: Fischer 1996 (= Fischer TB Geschichte 13133), S. 235. Siehe auch: Michael WILDT: *Abschied von der ‚Freßwelle' oder: die Pluralisierung des Geschmacks*. Essen in der Bundesrepublik Deutschland der fünfziger Jahre. In: Kulturthema Essen. Ansichten und Problemfelder. Hg. von Alois Wierlacher, Gerhard Neumann u. Hans Jürgen Teuteberg. Berlin: Akademie 1993 (= Kulturthema Essen. Bd. 1). S. 211-225, hier S. 223: „In der „Öffnung des semiotischen Systems des Essens für andere Diskurse der Warenwelt, die sich nun mit Nahrungsmitteln verbinden können, liegt" nach Wildts Einschätzung „das spezifisch Moderne des Essens in den 50er Jahren."

[26] Siehe auch: Michael WILDT: *Vom kleinen Wohlstand*, S. 197-202.

[27] Ebd., S. 199.

sche Ausland und die USA umfaßte, während die übrige Welt unter „Afrika" oder „China" lief.[28]

Mit dem Essen wurden Sehnsüchte und Wünsche verknüpft, deren Erfüllung durch Essen alleine in der Regel nicht erreicht werden konnte – ein Dilemma, das letztlich zu noch mehr Hunger führte und zu gesteigerten Ansprüchen an das Kochen.

Während also auf der einen Seite der gesamte Bereich der Ernährung in den 50er Jahren eine immer weiter steigende und immer differenziertere Bedeutungsdimension erfährt, kommt es auf der anderen Seite im selben Zeitraum zu Entwicklungen, die dem scheinbar entgegenstehen. Der hohe Bedarf an neuem Wohnraum nach dem Zweiten Weltkrieg führte dazu, dass in verhältnismäßig kurzer Zeit viele normierte Wohnungen gebaut wurden, in denen für die Küche nicht allzuviel Platz vorgesehen wurde.[29] Das hatte langfristige Folgen für den Bereich des Kochens und damit auch des Essens:

> Als nämlich nach dem 2. Weltkrieg und nach den ersten Jahren der immer bedrohlicher werdenden Lebensmittelknappheit endlich wieder an normales Kochen gedacht werden konnte, sah man sich gezwungen, den dafür notwendigen Raum neu zu definieren. Die Küche verlor ihren Anspruch, zentraler Ort des häuslichen Geschehens zu sein. Sie wurde zum Arbeitsraum degradiert, zu einem zwar praktisch perfekten, aber in seiner kommunikativen Isoliertheit unwirtlichen Ort, der schnelle Erledigung förmlich programmierte.[30]

Die Entwicklung verlief also zumindest im Neubaubereich weg von der Wohnküche, die quasi das Kommunikationszentrum des Haushalts darstellte, hin zu einer auf Funktion bedachten Arbeitsküche. Gleichzeitig führten technische Neuerungen zu einer größeren Automatisierung des Haushalts, und neuartige Verpackungen ermöglichten Vorratshaltung, was ein verändertes Kochverhalten

---

[28] Michael WILDT: *Vom kleinen Wohlstand*, S. 200. Vgl.: Theodore ZELDIN: *Warum gab es mehr Fortschritt beim Essen als beim Sex?* In: Götterspeisen. Hg. von Ramesh Kumar-Biswas, Siegfried Mattl u. Ulrike Davis-Sulikowski. Wien: Springer 1997, S. 86-103, hier S. 91: „Jedes Volk verleiht seinen Speisen eine persönliche Note und akzeptiert Veränderungen nur, wenn es diese vor sich selbst verheimlichen kann, indem jede Neuheit wiederum mit dem eigenen Geschmack zugedeckt wird. Egal, ob in Politik, Wirtschaft oder Kultur – eine optimistische Haltung gegenüber Veränderungen ist nur möglich, wenn diese Prämisse akzeptiert wird." Siehe auch: Bernhard BARTH: *Essen unterwegs*. In: Die anständige Lust. Von Eßkultur und Tafelsitten. Hg. von Ulrike Zischka, Hans Ottomeyer u. Susanne Bäumler. München: edition spangenberg 1993, S. 358-363, besonders S. 362-363: Rezepte als Souvenir und exotische Phantasiereisen.

[29] Siehe hierzu: Michael WILDT: *Vom kleinen Wohlstand*, S. 118.

[30] Georg F. SCHWARZBAUER: *Kunst und Küche*. Fragmentarische Hinweise zum Thema. Exemplarische Beispiele unseres Jahrhunderts. In: Vom Essen und Trinken. Darstellungen in der Kunst der Gegenwart. Hg. von Ursula Peters u. Georg F. Schwarzbauer. Wuppertal: o.V. 1987, S. 8.

nach sich zog. Zunehmend kamen industriell vorgefertigte Lebensmittel auf den Markt, die darauf angelegt waren, den Prozess des Kochens effizienter und schneller zu gestalten, und die Arbeitserleichterung versprachen.[31] Claus-Dieter Rath zitiert aus einem Kochbuch der 50er Jahre aus einem Kapitel mit dem bezeichnenden Titel *Die Konserve – Retter in allen Lebenslagen*:

> Konserve bedeutet – Schnell-Küche für die berufstätige Frau, die ach so oft nur wenig Zeit hat. Deckel auf, die offene Dose in ein Wasserbad gestellt – nach 10 Minuten anrichten nach persönlichem Geschmack – und schon ist ein Essen gezaubert, dessen Vorbereitung sonst Stunden erfordern würde. Für die berufstätige Frau ist gesparte Zeit gespartes Geld. An einer Dose Bohnen in Tomatensauce mit Speck wird das besonders deutlich. Übrigens schmeckt es herrlich.[32]

Während die Werbung für solche Lebensmittel eine große Vielfalt und Geschmacksreichtum versprach, „verbarg sich [dahinter] in Wahrheit die Uniformität der tatsächlichen Bestandteile, versteckte sich die Serie"[33].

> Mit der Einführung der verpackten Lebensmittel, die auch nicht mehr in jeder beliebigen kleinen Menge erworben werden konnten, veränderte sich das Verhalten der Konsumenten. Dabei läßt sich, grob gesehen, eine merkwürdige, fast absurd scheinende Feststellung treffen, entwickelte sich doch aus dem Zwang zur hygienischen Verpackung sehr bald eine eigene Welt der Verpackungen. Verpackungen, die mehr versprachen als sie einzulösen imstande waren. Die Fantasie, fehl gelenkt und nicht auf die ganz unwichtigen, aber keineswegs zentralen Präliminarien beschränkt, wich aus der Küche. Die Nivellierung des Kochens war programmiert.[34]

---

[31] Darauf, dass dieser Prozess schon im 19. Jahrhundert begann, verweist z.B. Michael Köhler: „Im Jahr 1883 bringt der Schweizer Kaufmann Julius Maggi die ersten Produkte, sogenannte Leguminosemehle auf den Markt. Das sind eiweißreiche Mehle aus Bohnen, Erbsen und Linsen für die Zubereitung nahrhafter Speisen; ein billiges Volksnahrungsmittel. Drei Jahre später kommt die Maggi-Würze heraus, weitere zwei Jahre darauf entstehen die Fleischbrühsuppentafeln. Diese verdichteten, haltbaren und nahrhaften Fertigprodukte erobern weltweit die Haushalte. Fertig- oder Halbfertigprodukte werden in der zeitknappen Industriegesellschaft seitdem immer wichtiger: von der handgelöteten Blechkonserve alter Art zum Erbspürree, der typischen Kriegsnahrung neuer Art und den mikrowellenerhitzten Schnellgerichten heutiger Tage" (Michael KÖHLER: *Sein und Mahlzeit. Über Opfer und Essen*. In: Die Äpfel der Erkenntnis. Zur historischen Soziologie des Essens. Hg. von Jutta Anna Kleber. Pfaffenweiler: Centaurus 1995 [= Schnittpunkt Zivilisationsprozeß. Hg. von Gerburg Treusch-Dieter. Bd. 20], S. 28-40, hier S. 38). Vgl.: Ursula A. BECHER: *Geschichte des modernen Lebensstils. Essen, Wohnen, Freizeit, Reisen*. München: Beck 1990, S. 94-96.

[32] Claus-Dieter RATH: *Reste der Tafelrunde. Das Abenteuer der Eßkultur*. Reinbek bei Hamburg: Rowohlt 1984, S. 249. Rath bezieht sich hier auf: P. AMADEUS: *Der gedeckte Tisch. Ein Brevier für Feinschmecker*. Marbach 1958, Zitat S. 159.

[33] Michael WILDT: *Vom kleinen Wohlstand*, S. 147.

[34] Georg F. SCHWARZBAUER.: *Kunst und Küche. Fragmentarische Hinweise zum Thema. Exemplarische Beispiele unseres Jahrhunderts*. In: Vom Essen und Trinken. Darstellungen in

Zu der Zeit also, als Grass sich in Form eines Dramas mit der kulinarischen Handlung des Kochens beschäftigt, befand sich der Bereich der Küche und des Kochens in der Bundesrepublik in einer nicht ganz unproblematischen Umbruchsituation. Sowohl der Raum Küche als auch die Tätigkeit des Kochens, vor allem bezogen auf die privaten Haushalte, mussten neu definiert werden. Tendenzen einer durch technischen Fortschritt immer mehr den Gesetzen der Geschwindigkeit und Uniformität gehorchenden Küche standen auf der anderen Seite gehobene Ansprüche gegenüber und der Wunsch nach einer Küche, die der Sehnsucht nach einem gehobenen Lebensstil Ausdruck verleiht. Während auf der einen Seite das Konzept einer modernen Küche immer mehr dem eines Labors glich, in dem effizient, mit technischen Hilfsmitteln sauber und schnell gearbeitet wurde, stand auf der anderen Seite der Wunsch nach einer identitäts- und sinnstiftenden Küche, und „gerade die oft als lästig und mühsam beschwerlich empfundene Arbeit in der Küche, [...] die langwierigen Vorbereitungen [waren es], die das Schöpferische an sich ausmachten"[35]. Kochen als schöpferische, künstlerische Tätigkeit, als Mittel, sich auszudrücken, als identitätsstiftendes Handeln sah sich Bedingungen gegenüber, die kontraproduktiv wirkten, die Kochen in einen Kontext wissenschaftlicher Experimente stellten, ausgeführt im räumlichen Umfeld eines Labors.

Vor dem Hintergrund der oben beschriebenen Situation lassen sich die bösen Köche aus dem gleichnamigen Drama auch als Kinder ihrer Zeit interpretieren. Es stehen sich mit den fünf Köchen auf der einen und dem Grafen auf der anderen Seite gewissermaßen Vertreter verschiedener Kochstile gegenüber. Während die Köche eher naturwissenschaftlich vorgehen, Zutaten berechnen, abwiegen und in ihrem ‚Labor' Küche rezeptgetreue Substanzen, reproduzierbare Gerichte herstellen, bringt der Graf seine ganz persönliche Lebenserfahrung als Mensch, seine Individualität, sein künstlerisches Können in den Kochprozess ein. Seine Suppe ist nicht reproduzierbar. Er hält es eigentlich nicht für möglich, dass ein echter Koch dieselbe Suppe zweimal herstellen kann.[36]

Mit ihren Gerichten entsprechen die Köche durchaus dem Stil ihrer Zeit. Während ihr Chef, der Besitzer des Restaurants, nach mehr Suppen für den Speiseplan verlangt und doch eigentlich nur die eine, die graue Suppe meint, versuchen die Köche, ihre Unfähigkeit, eben diese eine Suppe zu kochen, durch ihre Kochroutine zu verdecken. Bouillabaisse, Bortsch, Frikassee, Soupe d'oignons und schließlich Sülze mit Bratkartoffeln, Rotkohl und Nieren gehören

---

der Kunst der Gegenwart. Hg. von Ursula Peters u. Georg F. Schwarzbauer. Wuppertal: o.V. 1987, S. 9.

[35] Ebd., S. 10.

[36] „Ich habe euch oft genug gesagt, es ist kein Rezept, es ist eine Erfahrung, ein bewegliches Wissen, ein Wandel, es dürfte euch bekannt sein, daß es noch nie einem Koch gelang, zweimal dieselbe Suppe zu kochen" (VIII, Köche, S. 222).

zu ihrem Repertoire. In dieser Zusammenstellung von Gerichten spiegelt sich die Kochrealität der späten 50er Jahre. Internationale Gerichte, oder besser international klingende Namen, und traditionelle (eher bodenständige) Gerichte stehen nebeneinander. Dennoch sind die Gäste nicht zufrieden. Ihr Wunsch nach der besonderen Suppe des Grafen ist nicht der Wunsch nach dem Exotischen, Neuen, es ist der Wunsch nach dem Echten. Die Gäste scheinen zu schmecken, dass der Graf anders kocht als Petris Küchenmannschaft. Seine persönliche, schöpferische Art des Kochens befriedigt anscheinend ein Bedürfnis der Gäste. In einer Welt, in der Küche immer mehr mit Schnelligkeit und Fertiggerichten assoziiert wird, verlangen die Gäste nach dem Besonderen, dem Sinnstiftenden. Diese Konstellation des Dramas entspricht in seiner Struktur der kulinarischen Situation der späten 50er Jahre in der Bundesrepublik.

Durch sein Drama *Die bösen Köche* nimmt Grass teil am damaligen Essensdiskurs. Indem er die Köche negativ darstellt und in ihren Bemühungen schließlich scheitern lässt, nimmt er kritisch Stellung. Sein Stück lässt sich auch als ein Plädoyer für die ‚echte' Küche lesen, in der mit natürlichen Zutaten schöpferisch umgegangen wird (und weist damit schon auf den *Butt* voraus).

Grass nutzt die kulinarische Konstellation seines Dramas noch auf einer zweiten Ebene, um über die zeitgenössische bundesrepublikanische Konsumgesellschaft kritisch zu reflektieren.

Die Köche repräsentieren einen Typ Mensch, der glaubt, für alles und jedes müsse es Formeln, Schablonen und Handlungsweisen geben und dass das auch für das Leben selbst gelte. Nicht die Suche nach dem Sinn des Lebens steht für sie im Vordergrund, sondern die nach einer Erfolgsformel.[37] Der Graf hingegen steht für den Menschen, der aus seinen Erfahrungen Lehren zieht, der ein Rezept entwickelt und für sich die Sinnfrage versucht zu beantworten, – aber eben nur für sein eigenes Leben.[38]

Seiner Struktur nach spiegelt der Konflikt zwischen dem Grafen und den Köchen ein Stück weltanschaulicher Diskussion der bundesrepublikanischen Gesellschaft der späten 50er Jahre wider. Auch wenn das sogenannte Wirtschaftswunder versprach, materielle Wünsche zu erfüllen und einen gehobenen Lebensstandard zu ermöglichen, bleiben Sehnsüchte und Wünsche offen – Sehnsüchte,

---

[37] Vgl.: Dieter STOLZ: *Günter Grass zur Einführung.* Hamburg: Junius 1999, S. 94: „Die bösen Köche repräsentieren […] den Menschentyp, der sich anmaßt, ein Patentrezept für das eigene Leben von anderen übernehmen, es in abstrakten Formeln einfangen und dadurch besitzen zu können."

[38] Siehe hierzu: Dieter STOLZ: *Vom privaten Motivkomplex zum poetischen Weltentwurf.* Würzburg: Königshausen & Neumann 1994, S. 187: „Sein Rezept steht in diesem Stück für die individuelle, von Überdruß und Todesangst, Neugierde und Melancholie, Genuß und Ekel, also von durchaus zwiespältigen Gefühlen bestimmte Lebenserfahrung. Dieses sehr persönliche Lebensrezept kann von niemandem einfach nachgekocht werden."

die sich jenseits der materiellen Bedürfnisse in der Frage nach Sinn manifestieren. Beschränkt sich die Suche nach dem Sinn auf die Suche nach einem allgemeingültigen Rezept, löst sie sich also vom Inhalt und fragt nur nach der Formel, muss sie zwangsläufig scheitern. Die Frage nach dem Warum des Lebens kann dann, wie im Drama geschehen, bestenfalls parodistisch beantwortet werden. Als die Köche dem Rezept buchstäblich hinterherlaufen, fragt Petri, warum sie denn laufen. Und Grün antwortet: „Es liegt an den Beinen" (VIII, Köche, S. 228). Wir laufen, weil wir Beine haben, wir leben, weil wir geboren worden sind. Ganz im Sinne der nach immer mehr Konsum strebenden, immer hektischer werdenden Menschen in der aufstrebenden Bundesrepublik verlieren auch die Köche die Tatsache aus den Augen, was sie eigentlich suchen.[39] „Und das Rezept?" (VIII, Köche, S. 228) fragt Petri. „Ein Vorwand zum Laufen. Kein Mensch fragt mehr danach. Es geht ja auch nicht um die Suppe" (VIII, Köche, S. 228). Worum geht es dann? Geht es etwa nur um das Suchen um der Suche willen? Die Köche, deren Köpfe wie Schablonen funktionieren, ahnen von dem „Mehr", das der Graf weiß, nur vage. Das ist genug Antrieb zum Suchen. Sie suchen wie der moderne Mensch das Rezept des Lebens, die Antwort auf das „Warum?", ohne eine Chance, es zu finden. Die Köche fragen den Grafen, anstatt in sich selbst hineinzuhorchen, sich auf sich selbst zu besinnen.

Gelegenheitsgedicht versus Laborgedicht – *Die bösen Köche* als gescheiterte Künstler

Auf der Suche nach dem tieferen Sinn der grauen Suppe hat Marianne Kesting 1962 vorgeschlagen, „es sei Grass um das Rezept seiner eigenen Bühnendichtung zu tun, das ihm die bösen Kritiker-Köche nicht abjagen können"[40]. Wie Spycher nachweist,[41] hinkt diese Parallele ein wenig, denn die Köche sind keine Kritiker, sondern sie wollen in den Besitz des Rezeptes gelangen, um diese anscheinend so hervorragende Suppe selber produzieren zu können. Dennoch richtet Kesting die Aufmerksamkeit auf einen interessanten Aspekt, nämlich den der

---

[39] Bernd Neumann spricht im Zusammenhang mit der *Blechtrommel* von „Grass' Opposition zur in seinen Augen lebensfeindlichen Leistungs- und Rationalitätsethik der zweiten deutschen Gründerjahre" (Bernd NEUMANN: *Konturen ästhetischer Opposition in den fünfziger Jahren. Zu Günter Grass' ,Die Blechtrommel' (Erscheinungsjahr 1959)*. In: Zu Günter Grass. Geschichte auf dem poetischen Prüfstand. Hg. von Manfred Durzak. Stuttgart: Klett 1985 [= LGW-Interpretationen 68], S. 46-64, hier S. 64).

[40] Marianne KESTING: *Günter Grass*. In: Marianne Kesting: Panorama des zeitgenössischen Theaters: 50 literarische Porträts. München: Piper 1962, S. 253-255. Revidierte Neuauflage 1969, S. 300-304, hier, S. 301.

[41] Peter SPYCHER: *Die bösen Köche von Günter Grass – ein absurdes Drama?* In: Germanisch-Romanische-Monatsschrift. Bd. 47. Heidelberg: Carl Winter 1966, S. 174.

schriftstellerischen Kunst. „Bin ich ein Dichter, der ich mir einfallen lasse" (VIII, Köche, S. 180), ruft Grün an einer Stelle im Drama und stellt damit einen Zusammenhang mit der Dichtkunst her. Die graue Suppe als Produkt schöpferischer Tätigkeit stellt ein Kunstwerk dar, das auf eine andere Art Kunstwerk verweist, nämlich auf das Produkt der Dichtkunst. Der Schöpfer dieses Kunstwerks ist der Graf, der seine Kunst (Dichtung/Kochen) anscheinend gar nicht als Beruf, sondern nur gelegentlich ausübt. Er charakterisiert sich selbst als „einfach, schlicht, ein Bürger, der sich Mühe gibt" (VIII, Köche, S. 164). Dennoch ist es ihm gelungen, ein perfektes Kunstwerk zu schaffen. Durch sein Produkt, seine Dichtung, erhebt er sich über den einfachen Bürger und wird zum Grafen. Diesen Titel hat er sich jedoch nicht selber zugelegt, er wird ihm von anderen verliehen, die mit dieser Überhöhung ihre Wertschätzung und ihren Respekt ausdrücken. Das muss für die Berufsköche, die man in diesem Kontext auch Berufsdichter nennen könnte, natürlich eine Provokation sein. Sie haben mit ihren Produkten zwar auch Erfolg, aber ihre Werke kommen beim Publikum nicht annähernd so gut an wie das des Grafen. Also wollen sie das Rezept wissen, den Weg zu einer erfolgreichen Dichtung. Was muss man machen, um dieses außergewöhnliche und extrem erfolgreiche Kunstwerk zu reproduzieren? Vasco gerät in den Verdacht, er habe versucht, auf eigene Faust das Rezept zu finden. „Bist du nun zum Dichter geworden […]? […] Erfinden wolltest du, erdichten, aber wir können auch" (VIII, Köche, S. 179 f.). Mit diesen Worten konfrontiert Petri ihn mit seinem Verdacht. An dieser Stelle wird der Verweis auf die Schriftsteller ganz deutlich. Als die Köche in einem Traum Vascos versuchen, das Werk zu kopieren, bedienen sie sich aller hinlänglich bekannten Mittel. Die Zutaten sind in neun Tüten fein säuberlich abgewogen und bestehen unter anderem aus etwas Scharfem, etwas, das traurig macht, und etwas Verlockendem (VIII, Köche, S. 180 f.). Die Köche/Dichter greifen in die Requisitenkiste der Dichtkunst und ziehen hervor, was sie für nötig halten, um ein erfolgreiches Kunstwerk zu schaffen. Das Werk enthält nun die Zutaten, die versprechen, beim Publikum Emotionen auszulösen. Das Ergebnis taugt jedoch lediglich dazu, Vasco Angst und Ekel einzuflößen. Die Verwendung von bewährten Zutaten scheint nicht zum gewünschten Erfolg zu führen. Das Drama schlägt vor, dass das Problem der Köche nicht eigentlich in den verwendeten Zutaten liegt, sondern in ihrem Vorgehen, das Grün folgendermaßen beschreibt: „Errechnet habe ich, zusammengezählt, abgezogen und durch etwas geteilt, das man nicht laut aussprechen darf" (VIII, Köche, S. 180).

Die Köche sind also handwerklich und mechanisch vorgegangen. Vasco kommt dem wahren Dichter noch am nächsten, die anderen bleiben eher Handwerker, die Essenz wahrer Dichtkunst bleibt ihnen verborgen. Es wird gemessen, gewogen und zusammengezählt, nicht jedoch erfunden und gedichtet.

Indem Grass hier einen wahren Koch/Künstler in der Person des Grafen den bösen Köchen gegenüberstellt, die hier beinahe als unfähige Köche erscheinen, baut er einen Gegensatz zwischen zwei Vorgehensweisen im künstlerischen Bereich auf. Über diese gegensätzlichen Verfahrensweisen äußert er sich auch in essayistischer Weise. In einem später in *Akzente* veröffentlichten Vortrag auf dem „6. Internationalen Kongreß der Schriftsteller deutscher Sprache" spricht Grass 1960 von dem unterschiedlichen Vorgehen von Gelegenheitsdichtern einerseits und sogenannten Labordichtern andererseits.[42] Grass, der sich selber zu den Gelegenheitsdichtern zählt, nennt Labordichter „die Herren im Labor der Träume, [...] mit den reichhaltigen Auszügen aus Wörterbüchern, die [...] von früh bis spät mit der Sprache, dem Sprachmaterial arbeiten, die [...] ohne Muse" sind (IX, Essays, S. 23). Ihr Vorgehen beschreibt er folgendermaßen: Der

> Labordichter sitzt [...] in seinem Labor, hat Max Bense im Rücken, die Zettelkästchen griffbereit und geht zwanglos mit immer bereitem Sprachmaterial um, spottet aller Gelegenheit, montiert und verhackstückt Beliebiges und Botanisches, tut das mit Ernst, Selbstkritik und Fleiß, weiß nach seinem Achtstundentag [...], was er getan hat: Er hat experimentiert, und morgen darf er weiterexperimentieren. (IX, Essays, S. 25)

Auch die Köche scheinen ihre Küche eher als Labor anzusehen und ihr Versuch, die graue Suppe nachzukochen, ähnelt dem experimentierenden Vorgehen der Labordichter sehr. „Die Suppe, die die Köche zusammenrühren, ist ein parodistisch gestaltetes Bild für ein typisches ‚Laborgedicht'."[43] Währenddessen hat der Graf als Gelegenheitskoch ein anderes Verhältnis zu seiner Tätigkeit, das eher dem der Gelegenheitsdichter zu ihrem Werk gleicht. Denn auch dem Gelegenheitsdichter „wird es [...] schwerfallen, seiner Methode eine ernste Erklärung zu liefern" (IX, Essays, S. 23). Beim Vorgehen des Gelegenheitsdichters, wie auch bei dem des Grafen, handelt „es sich nicht um Laborgeheimnisse, also um Nachahmbares" (IX, Essays, S. 24).

Gemeinsamer Nenner von Kunst (Schriftstellerei, Dichtkunst) und Kochen ist in diesem Kontext das Schöpferische. Ob man die wahre Suppe oder das wahre Gedicht schöpfen will, bleibt letztlich gleich. Die dafür nötige innere Einstellung

---

[42] *Das Gelegenheitsgedicht oder Es ist immer noch, frei nach Picasso, verboten, mit dem Piloten zu sprechen.* Vortrag auf der Arbeitstagung „Lyrik heute" anlässlich des „6. Internationalen Kongresses der Schriftsteller deutscher Sprache" in Berlin am 17.11.1960. Veröffentlicht in: Akzente. H. 1. 1961. Hier zitiert nach: WA IX, Essays, S. 23-26.

[43] Peter SPYCHER: *Die bösen Köche von Günter Grass – ein absurdes Drama?* In: Germanisch-Romanische-Monatsschrift. Bd. 47. Heidelberg: Carl Winter 1966, S. 177f.

und die Methode sind die gleichen. Grass nutzt hier die strukturelle Ähnlichkeit von zwei kulturellen Handlungen (Dichten und Kochen), um durch die Rede über das eine auch das andere anzusprechen und darüber zu diskutieren. Sein kulinarischer Diskurs ist somit gleichzeitig ein Beitrag zu einem ganz anderen Diskurs, dem der Kunst.

Wörtliche Bilder

Zur besonderen Dinglichkeit der Essensmotive im Bildenden Werk
von Günter Grass

Frauke Meyer-Kemmerling, Hürth

Meinem Vortrag habe ich den Titel gegeben: *Wörtliche Bilder – Zur besonderen
Dinglichkeit der Essensmotive im Bildenden Werk von Günter Grass.*

Der von mir gewählte Begriff der „Wörtlichen Bilder" bedarf zunächst einer
etwas hintergründigeren Einleitung. Die Bezeichnung „Wörtliche Bilder" habe
ich im Zusammenhang mit der Vorbereitung eines groß angelegten und umfang-
reichen Ausstellungsprojekts entwickelt, das im Mai und Juni 1998 im Nach-
klang zu Grass' 70. Geburtstag stattfand.

Das Konzept dieses Ausstellungsprojekts war, den Komplex ‚Günter Grass'
als Gesamtkunstwerk zu begreifen und ihn in allen seinen Facetten konsequent
als sinnliches Erlebnis zu präsentieren. Wir haben Alltagsgegenstände, die als
Motive in seinen Werken vorkommen, in einem Bürgeraufruf gesammelt und in
die Ausstellung integriert: u.a. Backsteine, totes Holz, Schlümpfe und – horribile
dictu – sogar einen echten Pferdeschädel, was gewissen Beschaffungsprobleme
mit sich brachte.

„Die Konfrontation des Gegenständlichen" ist das Thema des Günter Grass.
„Er zeichnet, was übrig bleibt" – und er ist jemand, „der die Tinte nicht wech-
selt", der also Wörter in Bildern und Zeichnungen verliert oder mit Hilfe von
Grafik Wortmetaphern überprüft.

Die Kunst von Grass ist nicht immer gefällig, aber gefallen tut sie einem
Weltpublikum. Man muss sich einlassen auf seine Themen, seine „Wappentie-
re", die Schnecke, den Butt, die Ratte und die Unke – und auf seine „Wörtlichen
Bilder". Je mehr man das tut, desto faszinierender erschließt sich seine Welt.

Eine eigene Welt, die ganz entscheidend mitgeprägt wird durch seine Erfahrungen mit den typischen Nahrungsmitteln bzw. Rezepten seiner besonderen ka-
schubisch-polnisch und rheinisch-deutschen Familien-Mischung: Steinpilze und
Pfifferlinge aus heimischen Wäldern, Dorsch, Hering, Aal, Krabben und Butt
aus der Ostsee, Kartoffeln von kaschubischen Feldern, Bohnen, Birnen und
Hammelfleisch.

Während meines Germanistikstudiums empfand ich die Werke von Grass zunächst als anstrengend und als Pflichtlektüre. Aber schon nach zwei Vorlesungen an der Universität zu Köln bei Volker Neuhaus kaufte ich mir die Werkaus-

gabe und entschloss mich, meine Magisterarbeit über Günter Grass zu schreiben. Diese Faszination hat mich nicht mehr losgelassen und zunächst dazu geführt, dass ich 1998 als Programmgestalterin des Kulturamtes der im Umfeld Kölns gelegenen Stadt Hürth das Ausstellungsprojekt „Wörtliche Bilder" initiieren, konzipieren und durchführen konnte. Das Rheinland – und speziell der Rhein-Erft-Kreis, zu dem Hürth gehört – hat eine ganz eigene Beziehung zum Werk von Grass. Günter Grass hat dort nach dem Krieg seine Familie gesucht und gefunden, in der kleinen Gemeinde Oberaußem. Sein Vater musste jeden Tag in die Zeche „Fortuna Nord", er arbeitete dort in der Pförtnerloge. Sie alle kennen das Kapitel „Fortuna Nord" aus der „Blechtrommel". – Grass' Mutter ist 1954 auf dem dort beschriebenen Friedhof von Oberaußem begraben worden. –

Grass fand also im Rhein-Erft-Kreis bei Köln seine Familie wieder. Aber er weigerte sich, dem Wunsch des Vaters nachzugeben und die Stelle als Bürolehrling bei der Zeche anzunehmen, die sein alter Herr ihm besorgt hatte. Er wollte Kunst studieren. Er ging nach Düsseldorf – und wie wir wissen, war die Akademie wegen Kohlenmangels geschlossen und so wurde Grass zunächst Steinmetzpraktikant und hat erst dann tatsächlich Kunst studiert. Seine Mutter unterstützte ihn stets in den künstlerischen Bestrebungen, denn sie sah die Begabung, die sich gleich auf drei Gebieten zeigte: der Schriftstellerei, der Bildhauerei – und des Kochens. Ein Talentspiegel der drei Onkel mütterlicherseits, die alle im Ersten Weltkrieg gefallen bzw. gestorben waren.

Grass hat sich sogar in einem Selbstbildnis als Koch abgebildet: Aus dem Zyklus *Am elften November* stammt die Radierung *Ich als Koch* (1981) (s. Abb. 1), die auch für die aktuelle Ausstellung *Günter Grass: Menschen sind Tiere, die kochen können* hier im Hause aus nahe liegenden Gründen ausgesucht wurde und zum Titelbild dieser Tagung avancierte.

Die Persönlichkeit von Grass ist vielschichtig – und so ist auch seine Kunst. Es sind einige Facetten, die es in seinem Gesamtwerk zu berücksichtigen gilt, die stets wieder auftauchen und in ihrer

Abb. 1: Ich als Koch (1981)

Wiederholung thematische Schwerpunkte in Grass' Leben und in seiner Kunst bilden.

Die Ausstellung „Wörtliche Bilder" präsentierte diese Facetten deshalb als so genannte „Gesichtspunkte" im Werk von Günter Grass – und nicht etwa als Grundsätze, mit denen die Welt in „richtig" und „falsch" eingeteilt wird. Wir verzichteten auf eine chronologische Hängung der Werke. Die „Gesichtspunkte" geben bestimmte Ansichten oder Erfahrungen mit der Realität wieder, sie sind keine festen Standpunkte – sondern der Blick schweift – z.B. von unten nach oben – wie in der *Blechtrommel*, so dass alles, was unterm Tisch oder unter der Tribüne stattfindet, gesehen werden kann.

Manchmal bleibt der Blick hängen: Am Elend der dritten Welt, an Umweltkatastrophen und am Unrecht gegenüber anderen Menschen. Die Themen bleiben in Bewegung, das eine schiebt sich zeitweilig vor das andere und wird wichtiger, gerät dann wieder in den Hintergrund, aus dem es jederzeit wieder in Bezug treten kann zu den anderen Themen. Diese Bewegung, diese Schwingung, beinhaltet eine ungeheure Spannung. Eine Spannung, die zwischen der Idealvorstellung, den Träumen liegt, die jeder Mensch hat, und den Erfahrungen, die jeder Mensch mit der Realität, mit seinem Alltag macht. Grass erträgt nicht nur diese Spannung, sondern hält sie tätig aus, d.h. er setzt seine Bücher, seine Grafiken und Skulpturen – seine Kunst – dagegen. Schnell ist hier Bitterkeit oder Resignation als Reaktion „ach, das nützt doch sowieso nichts" zur Hand – doch das Wort Resignation kommt bei Grass nicht vor. Der Zweifel und die Geduld sind seine Begleiter.

Und mit der Konsequenz, die ihm eigen ist und die ihm so schnell keiner nachmacht, ist er ein Camus'scher Sisyphus und ein Narr, der die Welt ändert.

Die Konfrontation des Gegenständlichen in sich, die Mischung von scheinbar nicht Zusammengehörigem ist das Markenzeichen seiner Zeichnungen, Grafiken und Lithographien. Die Liebe zur gegenständlichen Kunst ist nur folgerichtig, wenn man im Auge behält, dass Grass jeglicher Transzendenz, allem Ideologischen misstraut. Statt dessen setzt er auf Erfahrung mit der Wirklichkeit, mit seiner anfassbaren und sinnlichen Art von Realität. Sie ist sein Maßstab, ihr

Abb. 2: Kippen und Krabben II (1974)

vertraut er. Die Dinge seiner Umgebung setzt er in ein ungewöhnliches, scheinbar nicht zusammengehöriges Miteinander.

Die Radierung *Kippen und Krabben II* (Abb. 2) aus dem Jahr 1974 zeugt in subtiler Weise von dieser besonderen Dinglichkeit der Grass-Motive: Eigentlich nicht Zusammengehöriges weist in der Darstellung durch Grass frappierende Ähnlichkeiten auf. Die kleinen, grauen, gekrümmten Gegenstände sind herausgegriffen aus Pfanne und Aschenbecher – und zusammen ins Bild gesetzt.

Das Grau des Alltags und der Kompromisse ist ihm sympathisch, nicht das strahlende Weiß der Idee und auch nicht das erschreckende Schwarz der Unkenrufer.

Grau liegt zwischen schwarz und weiß. Es ist jene Farbe, die zwischen den Nichtfarben liegt. Grau sind Steine, Zigarettenasche, Blei und Graphit, Staub, feuchter Ton, Nägel aus Eisen, Kohle auf weißem Papier, Schiefer – und auch Krabben vor dem Garen. All diese Dinge kommen bei Günter Grass regelmäßig vor. Er hat Gedichte geschrieben über seinen Aschenbecher oder sein „spitzes Blei".

Grau ist die Farbe der Gegenstände, des Fassbaren im Hier und Jetzt, das neben und gegen anderes gesetzt werden kann, sich abhebt, auf seiner Dinglichkeit besteht.

Eine verknitterte Kinokarte in der Jackentasche, ausgebleicht vom Mitwaschen, ein Knopf in der Küchenschublade, ein allein gebliebener Socken in der Waschmaschine – alle diese Liegengebliebenen sind Erinnerungsstücke, die uns mehr oder weniger teuer, mehr oder weniger lieb sind. Etwas bleibt immer zurück- die Schleimspur der Schnecke, der Knopf einer Uniformjacke, Strandgut, Ablagerungen, Müll, Essensreste, Knochen und Gräten: Fundsachen für die Erinnerung.

Ich zitiere aus dem Gedicht *Abgelagert* aus dem Gedichtband *Gleisdreieck* (1960):

Was ich beschreiben werde,
es kann nur den Knopf
meinen,
der bei Dünkirchen liegen-
blieb,
nie den Soldaten, der
knopflos davonkam.

Das, was bleibt und uns erinnert, was sinnbildlich für Erlebtes, Erfahrenes steht –

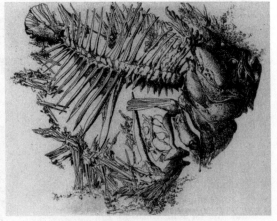

Abb. 3: Als vom Butt nur die Gräte geblieben war, Blatt V (1977)

die Fundsachen, die die Vergangenheit noch halten – das interessiert Grass und davon kündet seine Kunst. Das „Schwarze unterm Nagel" ist für ihn nicht gleichgültig, sondern gerade die Hauptsache. Es ist der Teufel im Detail, der sich bei genauerem Hinsehen entpuppt.

Der dreckige Rest, die Neige im Glas, Krümel eines Radiergummis, eine verräterische Patronenhülse – und immer wieder Fischköpfe und Fischgräten, die darauf hinweisen – da war einmal etwas.

Im Zusammenhang mit dem *Butt* sind 1977 einige Arbeiten entstanden, die diese „Verweisfunktion" bebildern: *Als vom Butt nur die Gräte geblieben war, Blatt V , Kopf und Gräte, Blatt VI* oder *Als das Märchen zu Ende war, Blatt VII* (Abb. 3-5).

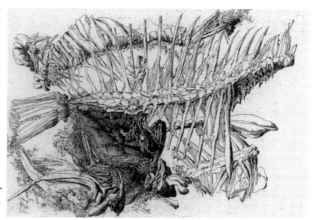

Abb. 4: Kopf und Gräte, Blatt VI (1977)

Diese Motive zeigen die Überreste des Butt mit Kopf im Ganzen, die Gräte mit dem abgetrennten Kopf an der Seite oder die Gräte säuberlich ohne Kopf, aber mit Brille.

So funktioniert Erinnerung: in Bildern, im fantasiereichen Ausmalen von Situationen und atmosphärischen Gegebenheiten, angestoßen durch ein Detail, ein Pars pro toto, das zur Erinnerung hinträgt.

Deswegen zeichnet Grass Dinge, die übrig bleiben, er ist wie eine „Sammelstelle für Zerstreutes" (*Aus dem Tagebuch*

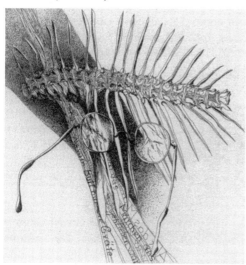

Abb. 5: Als das Märchen zu Ende war, Blatt VII (1977)

einer Schnecke, 1972), ob in
den 70er Jahren in den Butt-
Grafiken – oder in den 90er
Jahren in *Einige Fundsachen
für   Nichtleser*   (1997)
(Abbildung 6):

> Alles, was abseits der Buchsta-
> ben
> wie von Sinnen ins Auge fällt:
> dieses Dingsda,
> krumme Nägel oder Krümel,
> die ein Radiergummi hinter-
> ließ.

Immer wieder stellt Grass die
Dinge seiner Welt – und sich
selbst – in den Bildrahmen:
In *Kartoffelschalen – die Nabelschnur* (1975) (Abb.
7) ist
das Prinzip ähnlich wie bei
Kippen   und   Krabben:
Ähnliche, aber dennoch grundlegend unterschiedliche „Gegenstände" werden neben-
einander präsentiert. „Tote"

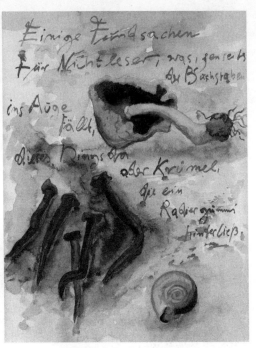

Abb. 6: Einige Fundsachen für Nichtleser (1997)

Kartoffelschalen oder „tote" Kippen neben „lebendiger" Nabelschnur oder „le-
bendigen" Krabben. Die Schwelle von „tot" und „lebendig" ist leicht überschrit-
ten. Für den Künstler Grass ist diese Schwelle nicht von Bedeutung. Es geht ihm
um das Abbilden
von Wirklichkeit –
seiner Wirklichkeit.
Für ihn gehört zum
Leben der Tod, denn
das, was nach dem
Sterben übrig bleibt,
erinnert an das Le-
ben.

Die Sinnlichkeit
von Günter Grass ist
eines der faszinie-
rendsten und indivi-
duellsten Erken-

Abb. 7: Kartoffelschalen – die Nabelschnur (1975)

nungsmerkmale seiner Kunst: Das bildnerische Werk ist voller Motive, die von Gaumenfreuden, Kochen, Essen und den für Grass natürlich dazugehörigen Themen Sexualität, Geburt und Körperlichkeit erzählen: *Butt und Pilz* (*In Kupfer, auf Stein,* 1976) (Abb. 8), *Fruchtbare Pilze* (*In Kupfer auf Stein,* 1972) (Abb. 9) oder *Mit Sophie in die Pilze gegangen* (*In Kupfer auf Stein,* 1974) (Abb. 10).

Der Pilz – meistens Steinpilze oder Pfifferlinge – ist ein Motiv, das sich durch das Lebenswerk von Grass zieht. Er ist damit aufgewachsen, in kaschubischen Wäldern Pilze zu sammeln und sie dann frisch aus der Pfanne zu verzehren. Deshalb sind

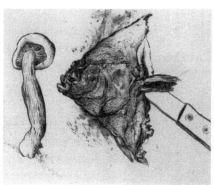

Abb. 8: Butt und Pilz (1976)

Abb. 9: Fruchtbare Pilze (1972)

sie ihm vertraut und geeignet, seine Welt zu bebildern. Er zeichnet sie so, wie er sie sieht: krumm, gebogen, meistens kraftvoll und auf dem Kopf. Oft ähneln sie dem männlichen Penis – und verwandeln sich dann in „fruchtbare" Pilze.

In der literarischen und bildnerischen Welt steht das Essen meistens in Zusammenhang mit Sex oder genauer: Dem Zeugungsvorgang. Vorher oder nachher wird gegessen. Meistens Fisch oder Deftiges vom Hammel, wie in der Anfangsszene des *Butt.* Von dieser Zusammengehörigkeit erzählt auch die Arbeit *Nach dem Fischessen* (*In Kupfer, auf Stein,* 1981) (Abb. 11) ganz persönlich: ein Selbstbildnis mit seiner Frau Ute Grass und einer Fischgräte.

Diese besondere Dinglichkeit erzwingt eine Direktheit des Ausdrucks, die in der öffentlichen Wahrnehmung verschiedentlich dazu ge-

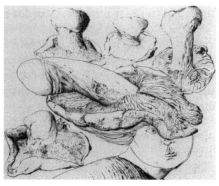

Abb. 10: Mit Sophie in die Pilze gegangen (1974)

führt hat, das
Grass' Darstel-
lungen als „bla-
sphemisch" oder
„Ekel erregend",
immer aber als
provozierend
empfunden wor-
den sind. Es hat
damit etwas Be-
sonderes auf sich.
Je genauer man
liest oder hin-
sieht, desto eher
bemerkt man,
dass es sich kei-
neswegs um Ver-
zerrungen der
Wirklichkeit han-
delt, sondern eher
um „wörtlich ge-

Abb. 11: Nach dem Fischessen (1981)

nommene Darstellungen", eben um „Wörtliche Bilder".

Um dieses Phänomen mit sinnlichen Mitteln in einer Ausstellung ganz nah an den Betrachter zu bringen, habe ich damals eine besondere Vitrine gestaltet, in der die Bronze-Aale von Grass ihren Platz fanden. Sie wurden in Sand gebettet und vor und hinter einen echten Pferdeschädel gelegt, der so manchem Besucher Schauer über den Rücken jagte. Diesen Schädel habe ich auch heute dabei, weil er demonstriert, „was übrig bleibt" – und dass alle sinnlichen Genüsse zwei Seiten haben. Günter Grass hat es selbst so definiert: Im *Butt* bringt er es auf den Punkt: „Worüber ich schreibe. Über das Essen, den Nachgeschmack [...]".

Auf der einen Seite Kartoffeln und Pilze, auf der anderen Seite die Gräte oder der Knochen. Das ist das Spannungsfeld der Grass'schen Essensmotive. Beide Seiten gehören untrennbar zueinander und bilden die Realität, die Erfahrungswirklichkeit ab. Günter Grass liebt drastische „Modelle": ein toter Schweinskopf oder eine Ratte auf dem Schreibtisch halten ihm beim Schreiben die Realität vor Augen.

Die Verweigerung alles Abstrakten ist ein Korrelat zur besonderen Dinglichkeit von Günter Grass, die sich in der bewussten Reduktion auf eine sinnliche Erfahrbarkeit der Welt ausdrückt.

Die Direktheit der Grass'schen Darstellungskunst macht den Blick auf die Wirklichkeit frei, sie erzeugt Bilder im Kopf des Betrachters. Grass lässt uns spüren, was seine Figuren und Wappentiere sehen, fühlen und riechen. Unverhüllt spottet sein künstlerischer Ausdruck jeder Doppelmoral, seine Darstellungen sind unbequem und anstrengend im besten Sinne. Grass schreibt, wie er Skulpturen fertigt. Er verlässt sich auf die Wirkung des von ihm Erschaffenen, sei es durch Sprache oder Zeichenstift. Er wechselt nicht die Tinte, um Realität abzubilden. Im Feucht in Feucht der Farben setzt sich die besondere Dinglichkeit auch in den 90ern fort, in den Wörtern, die in Fluss bleiben.

Der Aquarellband *Fundsachen für Nichtleser* aus dem Jahr 1997 nimmt diesen Bedeutungszusammenhang in ironisch-heiterer Manier auf. Sehr häufig bedient er sich dabei verschiedener Essensmotive, der Darstellung essbarer Tiere oder von Gemüse.

Spargelzeit

> Wenig später erinnert uns streng
> Urin
> an das Essen mit Freunden, an alles,
> was sonst noch auf der Zunge zerging.

„Urin", das ist wieder etwas, das übrig bleibt und an das erinnert, was mal da war – nämlich der Spargel. Und dazu die typisch Grass'sche Doppeldeutigkeit von dem, „was sonst noch auf der Zunge zerging" – neben dem Spargel und –

Abb 12: Spargelzeit (1997)

wahrscheinlich Kartoffeln – sicherlich auch Wörter. Urin hat auch wieder die Ekelkomponente, bzw. das Unangenehme, die Kehrseite – wie die Gräte oder der Knochen, die an leckeres Essen nur noch erinnern. Dieses Aquadicht verweist zurück auf die soeben zitierte *Butt*-Thematik: Das „Essen" und den „Nachgeschmack".

Die Heiterkeit und die Ironie dieser Aquadichte hat mich dazu ermutigt, Ihnen zu dieser Tagung ein Alter Ego von Günter Grass mitzubringen. Diese Puppe, die Sie hier sehen, habe ich als Volontärin des Kölner Hänneschen-Theaters selber geschnitzt, angezogen und geschminkt. Das Kölner Hänneschen-Theater, die Puppenspiele der Stadt Köln, ist eine traditionelle Volksbühne, die seit über 200 Jahren eines der beliebtesten Theater der Rheinländer ist. Dort wird mit so genannten Stockpuppen von unten her gespielt. Die Spieler stehen hinter einer

Bretterwand, der „Britz" und nur die Puppen können vom Publikum gesehen werden. Markenzeichen dieses Theaters ist natürlich zum Einen, daß in Kölscher Mundart gesprochen wird, zum anderen die unglaubliche Aktualität. Sechs neue Produktionen pro Jahr kommen zur Premiere und der Text jedes Stücks ändert sich jeden Abend durch aktuelle gesellschaftliche Ereignisse. Zur Freude des Publikums extemporieren die Spieler und Spielerinnen, was das Zeug hält. Und Puppen dürfen fast alles – jedenfalls viel mehr als Menschen. –

Diese Puppe hatte ihren ersten Auftritt bei der Vernissage zur Ausstellung „Wörtliche Bilder" in Hürth. Unser damaliger Bürgermeister führte ein Interview mit diesem Grass-Alter-Ego – und die Puppe antwortete ausführlich mit Original-Grass-Zitaten. Mit rauchender Pfeife beteuerte die Hänneschen-Figur, dass sie alle jemals geäußerten Grass-Worte in ihrem Lindenholzkopf gespeichert habe.

Im zweiten Teil der szenischen Vernissage spielten vier Bühnenschauspieler und ein Schlagzeuger die wichtigsten Figuren aus dem literarischen Werk von Grass, die so niemals miteinander zu tun hatten. Oskar Matzerath, Großmutter Koljaiczek aus *Blechtrommel* und *Rättin*, Ilsebill aus dem *Butt* und „Fonty" aus *Ein weites Feld* unterhielten sich in Originaltexten aus den großen Grass-Romanen.

Während seiner Studienzeit an der Düsseldorfer Kunstakademie Ende der vierziger, Anfang der fünfziger Jahre gründete Günter Grass mit Freunden eine Jazzcombo, für die er Texte schrieb und am Waschbrett spielte. Seine musikalische Ader hat er auch später in der Zusammenarbeit mit dem Perkussionisten Günter „Baby" Sommer einige Male aufleben lassen. Mit dieser szenischen Lesung haben wir an diese musikalischen Editionen angeknüpft. Es folgt nun ein kleiner Ausschnitt, ursprünglich gesprochen von der Schauspielerin Bettina Muckenhaupt in der Rolle der Köchin Ilsebill aus dem „Butt" – passend zum heutigen Thema mit „Kartoffelgeschichten". An einer Stelle entsteht eine etwas größere Pause und das Publikum reagiert erheitert. Der Grund: Die Schauspielerin, die vor einem großen Korb mit Kartoffeln sitzt, wirft selbige gezielt ins Publikum.

Ilsebill: Ich weiß, dass Geschichten nicht enden können, dass jede Geschichte erzählt werden will, solange Kartoffeln genug im Korb sind.
Patata, Potato, Tartuffel, Erdäpfel, Bulwen... Raleigh oder Drake sollen sie nach Europa verschleppt haben.
Doch da sie aus Peru kamen, sind es die Spanier gewesen.
Shakespeare muss sie als Gegenstand himmlischer Anrufung erkannt haben, wenn er Falstaff sagen lässt:
„Nun mag der Himmel Kartoffeln regnen!" –
(Sie wirft eine Kartoffel zu Fonty, ein paar weitere Kartoffeln ins Publikum)
wobei eingeschränkt werden muss: Shakespeare hat die süße Kartoffel gemeint, eine Delikatesse, die teuer schon im Handel war, als unsere gemeine Kartoffel wie alle

fremdländischen Nachtschattengewächse (Tomaten, Auberginen) noch unter Verdacht stand, von der Inquisition hochnotpeinlich befragt und verurteilt, auf Scheiterhaufen verbrannt und sogar als Viehfutter verschmäht wurde. Zuerst haben die hungernden Iren sie angebaut. Parmentier hat sie Frankreich geschenkt, worauf sich die Königin Marie Antoinette mit Kartoffelblüten geschmückt hat. Graf Rumford hat sie den Bayern gebracht. Und wer half uns Preußen?

(Sie schlägt das Kochbuch auf)
Heute essen wir: mehlige Salzkartoffeln, rohe Kartoffeln gerieben, in krauser Knochenbrühe gekochte Petersilienkartoffeln oder nur Pellkartoffeln mit Quark. Wir kennen Kartoffeln mit Zwiebeln gedämpft oder in Senfsoße, Butterkartoffeln, mit Käse überkrustete, gestampfte, in Milch gekochte, in Folie gebackene, winterliche Lagerkartoffeln, Frühjahrskartoffeln.

Großmutter: (im Lehnstuhl)
Oder solche in grüner Soße. Oder Kartoffelmus mit verlorenen Eiern.

Fonty: (am Stehpult)
Oder thüringische, Vogtländer, hennebergische Kartoffelklöße in weißer Soße mit Semmelbröseln. Oder in Jenaer Glas mit Käse oder, wie es die Brüder Nostiz taten, mit Krebsbutter überbacken.

Großmutter: Oder (in Kriegszeiten) Kartoffelmarzipan, Kartoffeltorte, Kartoffelpudding.

Fonty: Oder Kartoffelschnaps. Oder die Hammelkartoffeln meiner Emilie, wenn sie (auf Feiertage) zu Hammeldünnung, in Nierentalg angebraten, bevierteilte Bulwen tat, mit Wasser auffüllte und so lange kochte, bis der Sud eingekocht war. Jetzt erste löschte Emilie die Hammelkartoffeln mit Braunbier.

Ilsebill: Oder Kartoffelsuppe, die das Gesinde der königlich-preußischen Staatsdomäne Zuckau alltäglich am Abend löffelte, wenn der Himmel seine Tinte ausgoß und der Wald näher und näher rückte.

Dies ist nur ein kurzer Ausschnitt einer CD, die eine Länge von 45 Minuten hat und das Projekt „Wörtliche Bilder" in Radiobeiträgen und Live-Aufzeichungen von der Eröffnungsveranstaltung, die ich damals inszeniert habe, dokumentiert.

Die CD haben wir schon im Hinblick auf den 80. Geburtstag von Günter Grass im Herbst 2007 vorbereitet. Die Stadt Hürth und insbesondere unser Haus, das Kultur- und Tagungszentrum, wird sich auch für diesen Anlass wieder etwas Besonderes ausdenken. Das Thema „Essen & Kultur" wird in unserem Theater schon lange gepflegt. Neuerdings mit einem Gastronom, der Kultur zu unterstützen weiß. Und das nicht im Sinne von „Erlebnisgastronomie", was sich wie eine schlechte Musical-Masseninszenierung anhört, sondern im Sinne von Essen und Trinken als gleichwertiger Begleiter oder sogar Partner der Kultur.

Hier sind Konzepte gefragt, die auf ein qualitatives Gesamtergebnis zielen. Diese Qualität ist gar nicht so einfach zu bekommen. Ich erzähle Ihnen da nichts Neues: Gehen Sie mal essen in der Eifel, am Rhein oder auch an Mosel oder Ahr – deutsche touristische Gebiete, in denen ich mich wandernd oft aufhalte! Schnitzel rauf und runter, Steak und Salat mit Putenbrust. Furchtbar einfallslos und vor allem: Was hat das mit deutschen oder regional geprägten Speisen zu tun? Das Speisenangebot für Kinder besteht jeweils aus Pommes Majo oder

Fischstäbchen, vielleicht noch Spaghetti Bolognese. Und letztere essen Kinder häufig auch nur, wenn es sich um eine Fertigsoße handelt. Frisch angebratenes Hackfleisch könnte da schon zum Problem werden.

Und was tut Grass? Er kocht mit seinen Söhnen Linsen. Na gottseidank, denke ich dabei und kreiere nach der Grass-Lektüre eine neue Linsensuppe mit roten Linsen und Zucchini frisch aus meinem Garten.

Durch unzählige eigene Kochexperimente haben sich aus der Grass'schen Bilderwelt viele Gerichte und Rezepte entwickelt.

Auch in Zukunft: Mein ganz persönlicher Genuss der „Wörtlichen Bilder" des Künstlers Günter Grass.

Ich danke Ihnen für die Aufmerksamkeit und wünsche Ihnen und uns noch weiterhin eine schöne Tagung.

Zwiebel gelesen, Aale gefilmt

Kulinarisches in Tönen und bewegten Bildern

Florian Reinartz, Köln

> Ich weiß noch nicht: wird es ein Buch oder Film?[1]
>
> Schon merke ich, daß für den Film zu schreiben verführerisch ist. Es liegt soviel
> Material rum. Einstellungen ergeben sich aus Einstellungen. Alles verkürzt sich auf
> „action". Immer das Bild sprechen lassen. Immer den Schneidetisch mitdenken.
> Bildsprache. Handlungsverschnitt. (10:38)

Wenn Günter Grass sich in seiner autobiographischen Erzählung *Kopfgeburten oder Die Deutschen sterben aus* in dieser Weise zum Medium des Films bekennt, darf man ihm dies ohne Bedenken abnehmen. Etwa zur selben Zeit, da Grass diese Zeilen schreibt, ist er aktiv an der Verfilmung der *Blechtrommel* beteiligt. Wenige Jahre später, als Grass an *Die Rättin* sitzt, erinnert er sich offenbar an die gelungene Zusammenarbeit mit Volker Schlöndorff:

> Ich erzählte ihm [Volker Schlöndorff] den Handlungsstrang „Grimms Wälder", und wir
> entwarfen spontan auf breitflächiger Staffelei in fünfunddreißig Bildern einen
> möglichen Stummfilm, der natürlich nicht gedreht wurde.[2]

In der Tat wird diese erneute Hinwendung zum filmischen Medium letztlich in der *Rättin* auf die Figur des zum Medienmogul aufgestiegenen Oskar Matzerath übertragen. Dieser übersteigert die Möglichkeiten des Films, von dessen ‚Bildsprache' Grass sich angezogen fühlt, durch seinen Video-Film einer vorproduzierten Wirklichkeit des 107. Geburtstag der Anna Koljaiczek (11:302ff.). Ist Grass durch diese Möglichkeiten der ‚Bildsprache' und ‚Handlungsverschnitte' überfordert? Bedeutet der Film eine unerwünschte Verknappung, wie sie sich in den fordernden Ellipsen des zweiten Eingangszitats andeutet? Bietet das Medium zuviel ‚Material', so dass Grass das Medium Film durch seine Figur Oskar entrücken, übersteigern, parodieren muss? Die Endlosschleife, der Film im Film, ist hingegen für Oskar nur „mediales Handwerk. Ein Kinderspiel" (11:305).

---

[1] Günter GRASS: *Das literarische Werk.* Herausgegeben von Volker Neuhaus und Daniela Hermes. Göttingen: Steidl, 1997, Bd. 10, S. 10. Die Primärtexte werden im folgenden mit Bandnummer und Seitenzahl im Fließtext zitiert.

[2] Günter GRASS: *Fünf Jahrzehnte.* Göttingen: Steidl, 2001, S. 83.

Nach der _Blechtrommel_ legt Grass jedenfalls keinen Wert mehr darauf, an Verfilmungen seiner Werke beteiligt zu sein. _Die Rättin_ wird im Jahr 1997 schließlich doch gedreht, als Fernsehproduktion, die zwar nicht stumm, aber relativ unbekannt bleibt und ohne den Handlungsstrang „Grimms Wälder" auskommt. Ebenfalls ohne Grass' Hand am ,Schneidetisch' werden im Jahr 2005 die _Unkenrufe_ mit dem Untertitel „Zeit der Versöhnung" verfilmt.

Der Wunsch, seine wörtlichen Bilder bewegt, seine Figuren laufen zu sehen, beschränkt sich bei Grass also offenbar auf die späten 70er und die frühen 80er Jahre. Über mögliche Ursachen soll hier nicht weiter spekuliert werden. Doch die „Kopfgeburten" als deutlichste Auseinandersetzung mit dem neuen Medium deuten bereits an: „Die Höhle atmet, was ein Film nicht vermittelt: Gestank" (10:65). Dieses Defizit bei der sinnlichen Vermittlung scheint dagegen in der Literatur aufgehoben. Nicht zuletzt ist alles Essen, Trinken und gar Verdauen im literarischen Werk von Günter Grass auch deutlich riechbar. Die grundsätzliche Möglichkeit zu der Synästhesie, dem Wort einen Geruch (und somit auch Geschmack) einzuschreiben, findet in Patrick Süskinds _Das Parfüm_ ihr prominentestes Beispiel. An diesem ist seit kurzem durch eine Kinofassung des Romans Grass' These aus den _Kopfgeburten_ überprüfbar.

Wenig Scheu besteht bei Grass aber von jeher, wenn es darum geht, selbst vor die Kamera zu treten. Als politisch aktiver ,Bürger Grass' weicht er Interviews und Stellungnahmen nicht aus, sucht statt dessen die Öffentlichkeit. Als Dichter liest er seine Werke ebenfalls vor der Kamera und gibt, wie 1998 im _Lübecker Werkstattbericht_, zahlreiche interessante Einblicke in sein Werk und sein künstlerisches Schaffen. Ganz ähnlich verhält es sich mit Tonaufnahmen, die bei Grass' Lesungen entstehen: Kein Prosawerk, kaum ein Gedicht, dass nicht zumindest auszugsweise, vom Autor gelesen, in der Archiv-Datenbank des Medienarchivs der Günter Grass Stiftung Bremen aufgeführt wäre.

Bereits die Existenz eines solchen Medienarchivs, das derzeit etwa 1000 Audio- und Videodokumente zu, mit und über Günter Grass erfasst hat und eine Verdreifachung dieser Zahl in den nächsten Jahren erwartet, verweist auf die enge Verbindung zwischen den neuen Medien mit Werk und Wirken des Künstlers und Bürgers Grass. Es ist daher angebracht, diese Verbindung genauer zu untersuchen; ich möchte dies im Rahmen dieser Tagung dadurch einlösen, dass ich zu beschreiben versuche, wie die wörtlichen Bilder des Essens und Trinkens im literarischen Werk von Günter Grass in filmischen Adaptionen eingegangen sind und welche Wirkungen sie in diesem „neuen" Medium erzielen. Als Grundlage dient mir die - unter anderem durch diese Tagung und die mit ihr verbundene Ausstellung - bestätigte These einer ausgesprochenen Dominanz der kulinarischen Bilder bei Günter Grass, die nahezu zwangsläufig auch nach dem Wechsel des Mediums erhalten bleibt. Belegt wird diese These unter anderem durch eine Videozusammenstellung, die das Grass-Medienarchiv der Günter Grass Stiftung Bremen als Teil der Ausstellung *Günter Grass: Küchenzettel. Menschen sind Tiere, die kochen können* gezeigt hat.

Eindringlich sind die kulinarischen Bilder, die Volker Schlöndorff 1978/79 in das wohl bekannteste Grass-Video-Dokument im Medienarchiv, die Verfilmung der *Blechtrommel*, überführt. Beinahe wörtlich übernommen sind dabei beispielsweise die poetischen Ausführungen des Gemüsehändlers Greff, der in der Kartoffel die paradox erscheinende Verbindung von Fleisch und Keuschheit zu sucht (3:380). Auch wenn Grass nie in einen derart pathetischen Duktus fällt wie seine Figur Greff an dieser Stelle, ist dem Autor das Poetisieren des Ess- und Trinkbaren so vertraut und zur Eigenart geworden, dass er dem Gemüsehändler diese Worte mit großem Genuss in den Mund gelegt haben dürfte.

Bei festlichen Anlässen geht es dagegen in der *Blechtrommel* oft 'unkeusch' und unvegetarisch zu. Der Film akzentuiert dies besonders an Oskars drittem Geburtstag. Gebäck, Kuchen, Alkohol, Zigaretten und Anbändeleien stimmen Vater Matzerath alias Mario Adorf auf eine Redewendung ein, die wie viele andere Dialoge eigens für die Verfilmung hinzugefügt wurden (3:72ff.), aber wohl kaum besser hätte gewählt sein können: „So jung komm' wir nicht mehr zusammen!" verkündet er in bester rheinischer Mundart – wohl gemerkt noch vor dem Kellersturz Oskars. Dieser unterläuft die schwelgend daher gesprochene Redensart auf dem Fuße und wird zumindest äußerlich von ihr abweichen. Wer mit ihm „zusammenkommt", sieht sich fortan stets dem Dreijährigen, scheinbar nicht alternden Oskar gegenüber. Möglicherweise ist die geballte Kleinbürgerlichkeit der Geburtstagsfeier sogar einer der letzten Impulse, der Oskar in die davon befreiende Leere der Kellerluke fällt. Dass diese Filmszene besonders grell und laut gestaltet ist, nährt diese Vermutung.

Am stärksten und eindrucksvollsten sind jedoch die kulinarischen Bilder des *Blechtrommel*- Films, die etwas mit Fisch allgemein, speziell mit Aalen zu tun haben. Der „Karfreitag des aalwimmelnden Pferdekopfes" (3:205) ist eine Schlüsselszene im Film, die wohl den meisten Zuschauern unvergesslich sein dürfte – unfreiwilliger Weise natürlich, denn die abstoßende Szene brennt sich nicht nur Agnes Matzerath ins Gedächtnis, sondern verschont den Zuschauer nicht vor den intendierten Assoziationen: Als Totenfisch und Phallussymbol ist der Aal für Agnes Matzerath im Speziellen auch der „Aal von der Seeschlacht im Skagerrak" und „womöglich der Aal aus ihrem Vater Joseph Koljaiczek, der unters Floß geriet und den Aalen anheimfiel" (3:210). Nicht weniger schonungslos zeigt der Film die kurz- und langfristigen Auswirkungen der berühmten „Pferdekopf"-Szene, das Leiden der Agnes Matzerath und ihren konsequenten Entschluss, sich am Fisch zu Tode zu essen.

Den Übergang vom Ekel zur offen geführten und dennoch ohnmächtigen Perversion, die das Zu-Tode-Essen der Anna Bronski offenlegt, stellt die „Aal grün"-Szene des Filmes dar. In dieser verweigert Oskars Mutter zunächst entschlossen die „Karfreitagskost", um dann nicht minder entschlossen ihren Fisch-Wahn zu beginnen, der sie ihn den Tod führen wird. Entsprechende folgende Filmszenen erinnern an Ferreris *La Grande Bouffe* (*Das große Fressen*, 1973), auch in ihrer Wirkung. Der tiefen und feinen Psyche der Figur Agnes Matzerath steht auch in der „Karfreitagskost"-Adaption (vgl. 3:187ff.) die plumpe rheinische Art des Alfred Matzerath gegenüber. Die deutliche Darstellung der Aalzubereitung im Film, der grobe Versuch, seine Frau mit der Speise zu füttern, vermittelt auch an dieser Stelle eindeutig, dass Matzerath seine Gefühle einzig in Suppen ausdrücken kann. Der genannte Versuch, der in Buch und Film durch die Szene in der Kinderwelt gespiegelt ist (vgl. 3:123), verweist zudem zurück auf *Die bösen Köche*: Die Titelfiguren des Theaterstücks setzen die Zwangsernährung mittels einer übel gebrauten Suppe als Foltermethode ein (2:170ff.). Vater Matzerath muss sich somit auch dem Vorwurf aussetzen, ein gleichsam „böser Koch" zu sein.

Grass' Theaterspiel *Die bösen Köche* findet sich nur selten auf den Spielplänen der Bühnen. Umso wertvoller ist eine Fernsehproduktion des Hessischen Rundfunks aus dem Jahr 1969, die das Stück eindrucksvoll in einer Theaterverfilmung umsetzt. Eine digitalisierte Fassung ist im Medienarchiv der Günter Grass Stiftung erschlossen und nutzbar.

Auffällig ist vor allem der Dialekt der Figuren Vasco, Martha und der Großmutter, von dem im Text nichts zu lesen ist, der aber hier in einer für Grass einschlägigen Weise verwendet wird: Er fungiert nämlich als „Abzeichen für bestimmte Lebens-, Denkungs- und Verhaltensformen im menschlich gesellschaftlichen Realitätsgefüge"[3]. Vasco, Martha und die Großmutter sind demgemäß markiert als besonders tragisches Personal, dem bereits durch die Sprache Grenzen gesetzt wird, und das durch dieses Defizit deutlich abgehoben wird von den skrupellosen Köchen und der lichten, wenngleich ebenfalls tragisch endenden Gestalt des Grafen. Vasco sehen wir verzweifelt argumentieren und über die Bühne hetzen und fühlen uns an die Protagonisten aus Kafkas Romanen erinnert, Martha wird zum Tauschobjekt und die todkranke Großmutter ist eine hilflose und um so mürrischere, für Vasco jedoch einflussreiche Figur.

Wenn es um die kulinarischen Inhalte in *Die bösen Köche* geht, so fällt in der schriftlichen wie der gespielten und verfilmten Fassung die zentrale Rolle des Rezepts auf, der menschlichen Zutat beim Kochen, der eine so ursprüngliche Rolle zukommt wie den Lebensmitteln vor ihrer Zubereitung. Freilich erhöht

---

[3] Michael HARSCHEIDT: *Wort – Zahl – Gott bei Günter Grass* (Diss. Köln 1975), S. 86.

sich die Stellung und Wirkung dieses wichtigen Dokuments, wenn man die Köche auf der Bühne danach rennen, in Ehrfurcht vor der wichtigen Mission strammstehen und die Hast in wirklichen Gesichtern sieht. Stellung und Wirkung des Bildes „Rezept" lassen sich also durchaus angemessen in die vom Autor gewählte Darstellungsform, die des tatsächlich gespielten Theaterstücks, überführen. Die Intention des Stücks, die mit diesem zentralen Bild verbunden ist, wird deutlich erkennbar. Daneben bleiben andere kulinarische Bilder, die Grass immer wieder verwendet und die in *Die bösen Köche* enthalten sind, auch in der gespielten Fassung erhalten. Sie werden sogar, ähnlich wie bei den Aal-Szenen der *Blechtrommel*-Verfilmung, verstärkt: Es ist beispielsweise ein Unterschied, sich den für die Sülze zu verarbeitenden Schweinekopf beim Lesen lediglich vorzustellen oder einen Schauspieler mit einem erschreckend realistischen Requisit agieren zu sehen.

Die Verfilmung der *Unkenrufe* (2005), bei der Grass ebenfalls nicht mitwirkt, die er aber ausdrücklich lobt,[4] spielt gegenüber der Theaterverfilmung der „bösen Köche" freier mit den kulinarischen Bildern der literarischen Vorlage. Der Steinpilz wird hier nicht Inhalt des ersten Gesprächs zwischen Alexandra und Alexander (vgl. 12:11), sondern lässt letzteren ausrutschen und direkt in die Arme der polnischen Witwe fallen. Auch die Entschuldigung des Witwers ist dem Buchtext hinzugefügt, treffend im Sinne der Gesamtproblematik der Erzählung: „Nicht dass sie meinen, Deutsche zertreten grundsätzlich polnische Pilze!". Wenig später betont der Film die verbindende Rolle des Kochens, Essens und Trinkens deutlich: Beim gemeinsamen Zubereiten hilft Alexandra Alexander und gesteht: „Ich mache nie Pilze. Warum ich heute sie gekauft?". Erkennbar wird hier die dem Buch entsprechende, anzüglichere Form des Pilz-Bildes bei Grass und der Wendung, zusammen „in die Pilze" zu gehen. Dreh-buchautor und Produzent der *Unkenrufe*-Verfilmung sind sich der Verbindung der beiden sinnlichen Genüsse, Essen und Erotik, bei Grass offenbar sehr bewusst gewesen.

Zu erkennen ist also: Auch ohne ein direktes Eingreifen des Autors in die gespielte Fassung von *Die bösen Köche* und in die Verfilmung der *Unkenrufe* bleiben die kulinarischen Bilder in ihrer dominanten und vielfältigen Rolle erhalten.

Als einziger Akteur voll präsent ist Günter Grass dagegen in seinem *Lübecker Werkstattbericht*, den er im Rahmen der Vorlesungsreihe „Literatur für Mediziner" an der medizinischen Universität Lübeck im Jahr 1998 in sechs Vorlesungen darbietet. Wir sehen den Autor, wie er – wenn auch im Rahmen eines denkbar ungünstigen ‚Settings' zum Teil vor einem Sicherungskasten

---

[4] Vgl. *Ironie und Tragikomik*. Günter Grass über die „Unkenrufen". Ein Gespräch mit Günter Grass von Stefanie Letkin aus dem Münchner Merkur, 20. September 2005.

stehend – Werke liest, ihre Entstehung kommentiert, seinen Weg zu Kunst und Literatur beschreibt. In der vierten Vorlesung, „in der es kulinarisch zugehen soll" treten ebendiese Bilder als wichtige Bestandteile der Literatur und Poetik von Günter Grass hervor, vor allem natürlich in der Lyrik, den Gedichten *Im Ei, Prophetenkost, Der Kaffeewärmer, Polnische Fahne* und *Kot gereimt* sowie den *Butt*-Gedichten *Klage und Gebet der Gesindeköchin Amanda Woyke* und *Worüber ich schreibe*. Letzteres kann als wohl programmatischstes Gedicht hinsichtlich der Bevorzugung der kulinarischen Bilder gelten. „Worüber ich schreibe" sagt Grass auch vor den Hörern seines *Werkstattberichts* ganz deutlich: „Über das Essen", „den Nachgeschmack", „den Hunger", „den Überfluss", „den Kot" (1:215). In der nicht ausdrücklich kulinarischen letzten Vorlesung kommt Grass dann schließlich noch in einem Ausschnitt aus dem Kapitel „Annähernd schottisch" aus *Ein weites Feld* auf den kulinarischen Sündenfall, auf das Essen und Trinken in der Produktions- und Wegwerfgesellschaft zu sprechen.

Auch sein neustes Werk, *Beim Häuten der Zwiebel*, präsentiert Grass unmittelbar und in neuen Medien. Produziert von Radio Bremen liest er im Nordwestradio in 35 Folgen seine Autobiographie, und am zweiten Tag dieser Grass-Kulinaristik-Tagung nehmen die Teilnehmer die Möglichkeit gerne wahr, einer Fernsehaufzeichnung beizuwohnen. Im Sendesaal von Radio Bremen liest Grass das Kapitel „Was sich verkapselt hat"; die Lesung wird bald darauf zusammen mit einem biographischen Feature und dem Interview mit Ulrich Wickert von Radio Bremen Fernsehen und vom NDR ausgestrahlt.

Die noch jungen Medienereignisse und Diskussionen wiegen teilweise das frühere politische Engagement mit dem „Bekenntnis" in der Autobiographie *Beim Häuten der Zwiebel* auf: Ausgerechnet der ‚Moralapostel' enthülle in seinem Buch einen solchen Skandal, so eine verbreitete öffentliche Meinung. Grass ist bemüht, auch hier die neuen Medien zu nutzen, um Stellung zu beziehen und die Trennungsschärfe wieder herzustellen. „Das ist Inhalt meines Buches.", sagt er unter anderem im Interview mit Ulrich Wickert, und: „Im Grunde alles, was ich jetzt noch erklärend sage, bleibt hinter dem Buch zurück.". Auf die Frage, „Warum erst jetzt", die auch die Novelle *Im Krebsgang* einleitet, antwortet Grass:

> Es hat mich immer beschäftigt, es war mir immer präsent und ich war der Meinung, dass das, was ich tat, als Schriftsteller, als Bürger dieses Landes, was all das Gegenteil dessen bedeutete, was mich in meinen jungen Jahren während der Nazi-Zeit geprägt hat, dass das ausreicht.

Die zahlreichen Medien-Dokumente, die dieses angesprochene Engagement bestätigen, machen die umgekehrte Leserichtung zum ‚gefallenen Moralapostel' deutlicher und zutreffender: Politisches Engagement und die Präsenz in den Medien sind wohl unter anderem grade deswegen so hoch, weil Grass seiner lange verschwiegenen und durchaus eingestandenen Schuld, „nicht die richtigen Fragen gestellt" zu haben etwas entgegensetzen wollte.

Die Möglichkeiten der neuen Medien nutzt Günter Grass also auf sehr vielfältige Weise und bis zum heutigen Tag. Er äußert sich in Radio und Fernsehen zu Politik, zu seiner Person und seinen Werken, kann letztere sogar mehr und neuen Rezipienten zu Gehör bringen. Bei Lesungen seiner Werke legt Grass großes Gewicht auf seine kulinarischen Bilder und erweitert damit die sinnlichen Erfahrungen seiner Zuhörer und Zuschauer: Man sieht und hört den Autor aus einem Werk lesen, dessen Inhalte nicht nur vorstellbar, sondern auch riech- und schmeckbar werden.

Die Zahl der eigenständigen, filmischen Adaptionen ist demgegenüber relativ gering, obwohl die Umsetzungen sowohl mit als auch ohne Mitwirken des Autors sehr gut gelingen können. An den übernommenen kulinarischen Bildern, die im filmischen Medium zwar ihre eigene Wirkung entfalten, dabei aber stets die Intention des Autors erhalten, konnte dies nachgewiesen werden.

Kann die Nahrung Sünde sein?

Schonkost und Festessen im Barock. Von Grimmelshausen zu Grass.

Julian Preece, Swansea

[...] wieder Freunde aus barocker Zeitweil – der alles eitel nennende Andreas Gryphius und Martin Opitz, bevor ihn die Pest holte, aber auch die Courasche nebst Grimmelshausen, als er sich noch Gelnhausen nannte –, ließen selten etwas von der Schweinekopfsülze übrig. Mal wurde sie als Voressen, mal als Hauptgericht getischt. Ihr Rezept jedoch blieb sich gleich.

Günter Grass: *Beim Häuten der Zwiebel*[1]

Im vierten Kapitel des schmackhaften und in jedem Sinne des Wortes würzigen *Butt*-Romans bekocht und bedient die Küchenmagd Agnes Kurbiella, Opfer einer mehrfachen Vergewaltigung während des Dreißigjährigen Krieges, zwei lokale Danziger Größen, deren Namen in die Literatur- bzw. Kunstgeschichte eingegangen sind. Sie wird die Mätresse sowohl des Dichters und Literaturtheoretikers Martin Opitz als auch des Malers Anton Möller, obwohl sie vom Erzähler für ihre Enthaltsamkeit gerühmt wird. Die beiden Herren lieben sie, weil sie genau herausgefunden hat, was ihren am besten bekommt:

> Und täglich gab es Milchhirse, mit Honig gesüßt und mit Haselnußkernen für beide gesund gemacht. Agnes wußte, was den Innereien des Malers, des Dichters gleich harmlos war: Brühe aus Rindsknochen, in der spinatgefüllte Maultaschen schwammen, Hühnerbrustchen mit Zuckererbsen oder auch Biersuppen: Muskat und Zimmet dran.

Möller mag das Fettige; Opitz knabbert süchtig an Kümmelkernen.

> Danach war wieder ihre Schonkost gefragt: Kochfisch, der von der Gräte fiel, Milchhirse und Flinsen aus Buchweizenmehl.[2]

Agnes' Küche schont den Magen und das Gemüt: Als der junge Andreas Gryphius bei Opitz zu Besuch ist, gibt es als Hauptspeise gekochten Dorsch, den sie „Pomuchel" nennt, in Milch gart und mit Dill abschmeckt. Zum Trinken reicht sie dem Gast mit Muskat und Nelken gewürzten Wein und dem magenkranken Gastgeber „Saft aus gepressten Holunderbeeren" (8:309). Als Nachtisch bekommen die beiden Herren, die sich von ihrem Streit über

---

[1] Günter GRASS: *Beim Häuten der Zwiebel*. Göttingen: Steidl, 2006, S. 210.

[2] Günter GRASS: *Werkausgabe*, Hg. Volker Neuhaus und Daniela Hermes. Göttingen: Steidl, 1997, Bd. 8, *Der Butt*, Hg. Claudia Mayer-Iswandy, S. 353 (im Folgenden mit arabischer Ziffer und Seitenzahl zitiert).

Dichtung und Politik erholen müssen, „honigsüße[n] Hirsebrei, in den kandierte Holunderblüten gerührt waren" (8:313); und wenn Opitz leidet, darf er „ein gedünstetes Kalbshirn zu Spargelköpfchen" (8:327) zu sich nehmen, weil solche Kost seinem Magen gut tun soll. In Schonzeiten kann man anscheinend manchmal sehr gut essen.

Die Zeitweil des sprechenden Fisches aus dem Grimm-Märchen und sein männlicher Gegenpart im siebzehnten Jahrhundert sollen mir als Sprungbrett dienen, einige Elemente des Essens in dem größten Romanzyklus der barocken Periode, Grimmelshausens pikaresken und von Günter Grass seit seiner Jugend hochgeschätzten *Simplicianischen Schriften*, zu untersuchen. Es soll der Frage nachgegangen werden, inwiefern Grass in Sachen Essen und Kochen historisch denkt, indem die symbolische Auswertung der Gerichte und Zutaten in seinen Episoden, die im siebzehnten Jahrhundert angesiedelt sind, mit der Rolle von Speisen und Getränken bei Grimmelshausen verglichen werden. Es geht mir vor allem um die sechs Bücher des *Abentheuerlichen Simplicissimus Teutsch* und das siebte Buch, die *Lebensbeschreibung der Ertzbetrügerin und Landstörtzerin Courasche*, die Grass als literarische Quelle für *Das Treffen in Telgte* dienten, in welchem dem jungen Grimmelshausen und seiner zweitbekanntesten Romanfigur Courasche eine zentrale Rolle zukommen.

„Zwiespältig" ist das Anfangswort des berühmten *Blechtrommel*-Kapitels, „Karfreitagskost", in welchem jene andere Agnes, die wieder schwanger gewordene Mutter Oskar Matzeraths, den Willen zum Leben aufgibt und sich an Sardinen und anderen Fischsorten zu Tode isst. Wie Agnes Kurbiella spaltet sich Agnes Matzerath zwischen zwei Männern, schließlich zwischen Leben und Tod, zwischen Diesseits und Jenseits. Irdische Nahrungsmittel sind gezwungenermaßen auch hier dem materiellen Leben verhaftet: Grass betont deswegen die materiellen Aspekte der Nahrung und Verdauung, er beschreibt die Gerüche und die Konsistenz, die Betastbarkeit und die Form diverser Zutaten – und er macht das in dieser Episode auf dem Zoppoter Strand so anschaulich, dass manche seiner Leser den Kopf bei der Lektüre wegdrehen. Fisch wird an diesem Karfreitag auch zum Symbol einer gescheiterten Transzendenz.

Im barocken Zeitalter hatten die Zutaten ihre symbolische Wirksamkeit noch nicht verloren. Im *Butt* streitet sich Opitz mit Gryphius, bis die Köchin sie mit einem schonenden Fischessen miteinander versöhnt: „Pomuchel verzanken heißt Liebgottchen nicht danken" (8:313), bringt sie ihnen bei. Der Verzehr der Aalsuppe in dem Haushalt der Familie Matzerath zu Ostern 1937 verläuft bekanntlich anders.

Die neun historischen Geschichten, die Grass im *Butt* erzählt, hätten sich in einigen Hinsichten genauso gut in der Erzählgegenwart der Siebziger Jahre des letzten Jahrhunderts zutragen können: Um das zu unterstreichen, gibt er jeder historischen Köchin einen Gegenpart im sogenannten „Feminal", das dem sprechenden Butt den Prozess für seine Rolle in der Unterdrückung der Frau macht. Die Konstanz in der Ernährung fällt in dem Roman auf. Die Köchinnen bedienen sich eines relativ gleichmäßigen Repertoires an Zutaten: Sie machen nach Geschmack und Temperament nur anderes daraus. Sie sind erfindungsreich und tun ihr kulinarisch Bestes mit dem, was sie vorfinden oder auftreiben können. Es geht Grass darum, wie Alois Wierlacher dargelegt hat, eine „Gegenküche" zu bürgerlichen Essensnormen und -gewohnheiten zu entwerfen: „Unermüdlich betont [er] die Möglichkeit, niedrig bewertete Speisen schmackhaft zuzubereiten"[3]. Es sind die symbolischen Qualitäten von Nahrungsmitteln, die von der einzelnen Episode, der Zusammenkunft der Figuren und ihrer Einwirkung aufeinander bedingt sind, die im Mittelpunkt stehen. Pilze gab es schon in der Steinzeit und im Mittelalter, aber nur bei der Zeitgenossin Napoleons, Sophie Rotzoll, kommen sie zur Geltung. Große Umwälzungen in der Geschichte des Essens gibt es im Roman nur zweimal: als der Zeitgenosse der dicken Gret, Vasco da Gama, die Seeroute nach Indien entdeckt und dadurch die Einfuhr von Pfeffer und anderen Gewürzen wesentlich billiger macht; und zweieinhalb Jahrhunderte später als die amerikanische Kartoffel den Sieg über die nordeuropäische Hirse davonträgt. Historiker sprechen von einer weiteren Revolution in den Ernährungsgewohnheiten von Europäern, die die Industrialisierung der Gesellschaft begleitete: Ab der Mitte des achtzehnten Jahrhundert wurde langsam mehr Fleisch gegessen; Fleisch ersetzte Getreide als die Hauptquelle für Eiweiß. Erst ab diesem Zeitpunkt ist die Beschaffung von Öl oder Fett zum Braten kein Dauerproblem mehr für den Durchschnittskoch.[4] Nichts darüber im *Butt*. Gab es im deutschsprachigen Raum keine „Heiße Getränke Revolution", als zuerst Kaffee und dann Tee täglich konsumiert wurden und Bier als Frühstücksgetränk verdrängten?

Im allgemeinen trennt uns am Anfang des einundzwanzigsten Jahrhunderts viel mehr von Grass' Köchinnen, als sie voneinander. Selbst in der Nachkriegszeit verwenden sie authentische Zutaten (nichts aus der Dose). Es ist bezeichnenderweise eine Spülmaschine und keine Tiefkühltruhe, die die Ehefrau des Erzählers Ilsebill sich wünscht. Sag mir, was Du isst und ich sage Dir, was Du bist: das Essen am Anfang des Romans direkt vor dem Zeugen der Tochter, „Hammelschulter zu Bohnen und Birnen" (8:9), kam nicht bei jeder Familie Mitte der Siebziger Jahre auf den Tisch. Ihre Wahl ist beeinflusst von der Saison: Es ist Oktober, die Bohnen und Birnen sind also frisch und aus der

---

[3] Alois WIERLACHER: *Vom Essen in der deutschen Literatur. Mahlzeiten in Erzähltexten von Goethe bis Grass.* Stuttgart: Kohlhammer, 1987, S. 85.
[4] Massimo MONTANARI: *The Culture of Food.* Oxford: Blackwell, 1994, aus dem Italienischen übertragen von Carl Ipsen (lt. *Fame e l'abbondonza*).

Region (nicht von weither eingeflogen). Nur in der säkularisierten Moderne hätten sie aber eine Fischsuppe als Vorspeise essen können: Bei den historischen Köchinnen aß man entweder Fisch oder Fleisch, nicht beide zusammen, zu einer Mahlzeit.

Im *Butt* folgen die mageren Jahre des Dreißigjährigen Krieges auf die Exzesse der Renaissance, die Grass in der Gestalt der Margarete Rusch oder dicken Gret verkörpert. Was die körperlichen Eigenschaften der Köchinnen angeht, so sind die Renaissance und das Barock bei Grass sicherlich entgegengesetzte Epochen. Gret ist so dick, dass sie einen Liebhaber im Bett erstickt, und so stark, dass sie einem anderen Herrn, dem flüchtigen Prediger Jakob Hegge, eine Hode abbeißt. Sie ist Männern gefährlich. Agnes hingegen ist die personifizierte Passivität. Sie dient ihren Herren, nimmt alles hin und soll sich sogar in einen ihrer schwedischen Vergewaltiger verliebt haben. Diese Unterschiede in der Mentalität der Köchinnen sieht man jedoch merkwürdigerweise kaum an den Gerichten, die Gret und Agnes ihren Männern auftischen. Wie der weltgewandte Mönch und französische Romanschriftsteller Rabelais, der Gret Pate gestanden hat, schöpft sie sprachlich aus dem vollen. Die Mahlzeiten in Rabelais' Erzählungen sind aber viel lustiger, die Portionen gewaltiger. Bei Gret kommen Kutteln auf den Tisch, in großen Mengen zwar, aber wenn ihre Kapazitäten in der Küche denjenigen in dem Schlafzimmer entsprächen, würden wir nicht üppigere Mahlzeiten erwarten? Ein kulinarischer Füllhorn ist es nicht.

Als Grass zwei Jahre nach dem Erscheinen des *Butt* den Konferenzen der Gruppe 47 ein literarisches Denkmal setzen wollte, schrieb er nicht etwa das sechste Kapitel fort, in dem einige Künstler zur Zeit Napoleons zusammenkommen, um das Los des Vaterlands zu beklagen, sondern das vierte, in welchem Opitz und Gryphius sich treffen und beraten. Das siebzehnte Jahrhundert ist von jeher Grass' Zeitalter gewesen. Er hat auf den ersten Blick manches mit den Dichtern der Epoche gemeinsam: Das üppige seiner Beschreibungen, seine Betonung des Sinnlichen und Vergänglichen, das Visuelle und die Drastik seiner Metaphern haben alle etwas „Barockes", wie Alexander Weber längst dargestellt hat.[5] Wie in jeder literarischen Darstellung einer historischen Episode, nicht nur wie in Episoden, die sich in der Wirklichkeit nie zugetragen haben, wimmelt es auch in *Das Treffen in Telgte* von anachronistischen Einzelheiten. Dichter im siebzehnten Jahrhundert kümmerten sich um das Wohl ihres Vaterlandes anders – wenn überhaupt – als ihre Kollegen am Ende des Zweiten Weltkrieges. Das gleiche dürfte für das Essen gelten.

---

[5] Alexander WEBER: *Günter Grass's Use of Baroque Literature*. London: Modern Humanities Research Association and Institute of Germanic Studies, University of London, 1995, S. 13-42.

In Telgte ist die Küche insofern ein weiblicher Bereich, als die Wirtin des Brückenhofs, jene auferstandene Courasche aus dem siebten Buch der *Simplicianischen Schriften*, und ihre drei Mägde die Herren Dichter bekochen, während diese über die kulturelle Erneuerung und politische Zukunft des Landes debattieren und einander aus ihren Werken vorlesen. Bei Grimmelshausen hatte Courasche wenig mit dem Essen zu tun gehabt. Zwar hat sie mit vielen Männern geschlafen, aber nur, wenn sie selbst etwas davon hatte: Bekocht hat sie keinen. Gutes Essen ist wertvoll und daher ein Objekt der Begierde für alle von Grimmelshausens Schelmen, die ihre Leser mit „Possen" unterhalten, in denen sie durch kluge Tricks diverse Fleischsorten in ihren Besitz nehmen, wie etwa im letzten Kapitel des zweiten Buches von *Simplicissimus Teutsch* („Wie der Teufel dem Pfaffen seinen Speck gestohlen / und sich der Jäger selbst fängt").[6] Aufschlussreicher für diese Untersuchung ist es zu bemerken, dass Courasche selbst zweimal als etwas Essenswertes erwähnt oder behandelt wird. Als sie in Italien ihr Geld als Edelhure verdient, erklärt sie, wie sie die dortigen Männer als „Wildbret und etwas fremdes" beeindruckt und dadurch die Eifersucht ihrer italienischen Konkurrentinnen erweckt.[7] Diese rächen sich, indem sie dafür sorgen, dass Courasche unwissend ein starkes Abführmittel zu sich nimmt, dessen Wirkung die romantische Stimmung kurz vor dem Liebesakt mit einem reichen Freier zerstiebt. Furzwitze sind international und uralt, die Variationen zwangsläufig gering. Man kann sie aber unterschiedlich deuten. Grimmelshausens stammen aus den Schwankbüchern und sind Beleg dafür, dass er seine Leser unterhalten möchte. Von ihm bekommen sie, was sie von Unterhaltungsliteratur ihrer Zeit erwarten. Weil Grimmelshausen ein bedeutender Schriftsteller ist, steckt etwas mehr dahinter, und in Courasches Geschichte fällt auf, dass das Instrument der Rache – ihr eigener Körper, dem sie soviel Reichtum und Ruhm verdankt – von dem reichen Herrn begehrt wird. Es sind also nicht nur die italienischen Dirnen, die zurückschlagen, sondern der Körper, den sie in den Augen Gottes jahrelang missbraucht hat. So zumindest die traditionelle, religiöse Deutung, die Courasche als die sündhafte „Frau Welt" verteufelt. Man könnte kontern, dass das Opfer eines solchen Schwankes, die Romanheldin, die Sympathie des Lesers gewinnt und dass es dem religiösen Deuter danach schwieriger wird, ihre Verteufelung glaubhaft zu machen.

Das gleiche gilt für die andere Episode, in welcher Courasche als etwas essbares dargestellt wird. Auch hier geht es um Sex, Essen und Rache, aber

---

[6] Johann Jakob Christoffel von GRIMMELSHAUSEN: *Der Abentheuerliche Simplicissimus Teutsch und Continuatio des abentheuerlichen Simplicissimi*, Hg. Rolf Tarot. Tübingen: Niemeyer, 1967, S. 188-96.

[7] GRIMMELSHAUSEN: *Lebensbeschreibung der Ertzbetrügerin und Landstörtzerin Courasche*, Hg. Wolfgang Bender. Tübingen: Niemeyer, 1967, S. 89.

dieses Mal gibt es nichts zu lachen. Courasche erzählt, wie ein Major, der sich gedemütigt glaubte, als er von ihr gefangen genommen wurde, sich auf die grausamste Art und Weise an ihr rächt. Sie wird zuerst von den Offizieren und dann auch von den Knechten vergewaltigt:

> ich fande keine Barmhertzigkeit bey diesen Viehischen Unmenschen / welche aller Scham / und Christlichen Erbarkeit vergessen mich zu erst nackend auszohen / wie ich auf diese Welt komme / und ein paar Handvoll Erbsen aud die Erden schütten / die ich auflesen muste / worzu sie mich dann mit Spießruthen nöthigten; ja sie würtzten mich mit Salz und Pfeffer / daß ich gumpen und plitzen muste wie ein Esel / dem man ein Handvoll Dorn oder Nesseln unter den Schweiff gebunden; und ich glaube / wann es nicht Winterzeit gewesen wäre / daß sie mich auch mit Brennesseln gegeisselt hätten. (*Courasche*, S. 62-3)

Sie wird zum Objekt degradiert, wie ein Tier misshandelt (und mit einem Esel verglichen) und wie ein Stück Fleisch traktiert, das man lebend verzehren will. Die wahren Viehe sind aber ihre Peiniger. Die Verwendung von Gewürzen ist übrigens bei Grimmelshausen immer negativ besetzt, mit einem Wort „sündhaft", wie wir sehen werden.

Was die Kochkunst betrifft, darf man sich fragen, warum Grass auf diese Periode versessen ist. Nicht nur bei Grimmelshausen wird zumeist spärlich gespeist. Bei Thomas Garzoni, Grimmelshausens literarischem Gewährsmann, dessen *Allgemeiner Schauplatz* (*Piazza Universale*) er oft als Quelle benutzte, liest man Folgendes in seinem 93.ten Discurs „Von Köchen / und Küchenjungen / Credenzern / Vorschneidern / Kellern oder Schencken / Tischdienern und Gästen", der direkt nach dem Diskurs über Bildhauer (92) und gerade vor dem über Mäuerer (94) eingeschoben ist:

> Die Kochkunst ist in den ersten güldenen Zeiten deß Saturni bey dem einfeltigen Volck / welches ihm an Aepffeln unnd Eicheln genügen lassen / unnd gleichwol biß in ihr hohes Alter in guter Gesundheit ohne so vielerhande Schwachheiten gelebt haben / nit sohoch geachtet gewesen / als in der jezigen vermeyntlichen klugen Welt / in welcher der Bauch gleichsam der Menschen Gott ist worden / dem sie ohn Unterlaß fleissig und trewlich dienen / mit so mancherley künstlich zubereitten Speisen und Geträncken / daß man wol möchte sagen / es sey der Abgott Bell zu Babel niemals so frässig und begierig gewesen / als der jezigen Welt Abgott V e n t e r.[8]

In der verkehrten oder närrischen Welt gibt es Koch- und Fressnarren, und die nimmt Garzoni in diesem Abschnitt aufs Korn. Je einfacher die Gerichte, desto natürlicher, gesünder, christlicher und gottgefälliger sind sie. Feinkost ist Scheinkost, die ins Verderben führt. Der junge Simplicissimus erfährt den Unterschied am eigenen Leib, als er die Speisen im weltfernen Wald bei dem

---

[8] Thomas GARZONI: *Das isst Allgemeiner Schauplatz / oder Marckt / und Zusamenkunfte aller Professionen / Künsten / Geschäften / Händel und Handwercken so in der gantzen Welt geübet werden.* Frankfurt, 1626.

Einsiedler, der ihm die Bibel und die christliche Religion vermittelt, mit dem weltlichen Schmaus in Hanau vergleicht, wo er selbst den feinen Herrn ihr Essen und Wein an den Tisch bringt. In Hanau riecht es übel, ja häufig stinkt es grausam, weil Simplicissimus die feinen Gerichten nicht gewöhnt ist und seine durch sie verursachten „Leibesdunste" nicht bei sich zu halten weiß („Dem Secretario wird ein starker Geruch in die Cantzley geräuchert", S. 76-8). Dieses Problem der Selbstbeherrschung gab es im Wald nicht – weil er und der Einsiedler im Freien lebten, nicht weil sie sich anders ernährten. Es ist eine Frage des sozialen Benehmens und nicht der Nahrungsmittel, wie man zuerst annehmen könnte.

Der Abentheuerlliche Simplicissimus Teutsch ist ein sozialkritischer Roman, in dem berichtet wird, wie die Bauern und einfachen Leut' leer ausgehen, während im Saal in Hanau „man Speiß und Tranck muthwillig verderbte / unangesehen der arme Lazarus / den man damit hätte laben können / in Gestalt vieler hundert vertriebener Wetterauer / denen der Hunger zu den Augen herauß guckte / vor unsern Thüren verschmachtete / weil naut im Schanck war" (S. 84). Der religiöse Dichter, dessen Held der Welt entfliehen musste, um sein Seelenheil zu retten, sieht die Ungerechtigkeit in der Verteilung weltlicher Güter und prangert diese miserablen Zustände an. Er gehörte nicht zu den christlichen Satirikern, die der Welt den Rücken zukehrten, weil das vergängliche Leben hiernieder nichts zählte. Er übte aber nicht nur Gesellschafts-, sondern auch Zivilisationskritik.

Im ersten Buch handeln zwei Kapitel, die gegensätzlicher nicht hätten sein können, von Essen. Bei diesem Kontrast geht Grimmelshausen nicht dialektisch ans Werk, wie an anderen Stellen, vor allem im *Courasche*-Roman, sondern stellt ein Ideal neben dessen Gegenbild. Zuerst das Ideal bei dem Einsiedler im Spessarter Wald:

Unsre Speiß war allerhand Gartengewächs / Rüben / Kraut / Bohnen / Erbsen und dergleichen / wir verschmäheten auch keine Buchen / wilde Äpfel / Birn / Kirschen / ja die Eicheln machte uns der Hunger offt angenehm; das Brot / oder besser zu sagen / unsere Kuchen backten wir in heisser Aschen / aus zerstoßenem Welschen Korn / im Winter fiengen wir Vögel mit Sprinken und Stricken / im Frühling und Sommer aber bescherte uns Gott Junge aus den Nestern / wir behalfen uns offt mit Schnecken und Fröschen / so war uns auch mit Reussen und Anglen das Fischen nicht zu wider / in dem ohnweit von unserer Wohnung ein Fisch- und Krebsreicher Bach hin floß / welches alles unser grob Gemüß hinunder convoyren mußte; wir hatten auff eine Zeit ein junges wildes Schweinlein auffgefangen / welches wir in einen Pferch versperret / mit Eicheln und Buchen aufferzogen / gemästet / und endlich verzehret / weil mein Einsiedel wußte / daß solches keine Sünde seyn könte / wann man genießet / was Gott dem gantzen menschlichen Geschlecht zu solchem End erschaffen / Saltz brauchten wir wenig / und von Gewürtz gar nichts / dann wir dörfften den Lust zum Trunk nicht erwecken (S. 31-2).

Ob sie ihr „Gartengewächs" selbst anbauten oder nur sammelten, was sie fanden, ist nicht festzustellen. Jedenfalls aßen sie, was Gott und die Natur ihnen bescherten. Nur einmal ist von Genuss die Rede: Dieser kann leicht sündhaft werden, ist es aber offensichtlich nicht immer. Vegetarier sind sie nicht, wie es zuerst scheint; und wir dürfen annehmen, dass sie ihr Schweinefleisch, Fisch und andere Fleischsorten nicht roh verzehrten. Ihr Küchenrat, wenn man draußen im Wald überhaupt von einer Küche sprechen kann, ist dürftig und besteht aus einem von dem selben Pfarrer ausgeliehenen „eisernen Hafen zum Kochen" und zwei „abgenützte[n] stumpfe[n] Messer[n]" (S. 32). Der Erzähler, also der alte Simplicissimus selbst, betont ausdrücklich, dass sie kein Geschirr, kein anderes Besteck und keine sonstigen Töpfe benötigten. Verzicht ist tugendhaft. Überwacht wird ihre Lebensführung vom Pfarrer.

Diese frommen Waldbrüder, die in Wirklichkeit Vater und Sohn sind, essen, was Gott ihnen schenkt, in möglichst natürlichem Zustand. Derlei könnte man nie von einer Grass-Figur sagen. In seiner jüngst erschienen Autobiographie weist Grass mehrmals auf den *Abentheuerlichen Simplicissimus Teutsch* hin, als er seinen eigenen Weg durch die letzten Monate des Zweiten Weltkrieges beschreibt. Nur durch Glück und hin und wieder ein schelmisches Kunststück hat er, genau wie Grimmelshausens junger Held und vermutlich der Autor selbst, den Krieg überlebt. Es fallen auch Ähnlichkeiten in den Mahlzeiten auf, vor allem in dem Gefangenenlager direkt nach dem Kriegsende, wo der siebzehnjähriger Grass sein Essen aus dem Wald holen musste. Sein Lehrer ist kein Einsiedler, sondern ein Gefreiter von der Sorte, die er zu achten weiß. Er zeigt ihm, wie man „Spinat" aus „Brennesseln und Löwenzahn" kochen kann (BHZ:192). Ein Mitgefangener hat als Besatzungssoldat in Frankreich gelernt, wie man Frösche Waldtümpeln abfangen und lebend zerlegen kann, um die Schenkel mit dem Spinat zu kochen (BHZ:193).

Für Grass geht es immer darum, die einfachen Zutaten schmackhaft zu machen. Für Grimmelshausen hingegen scheinen Gewürze oder gewürztes Essen etwas Sündhaftes gewesen zu sein. Sie werden von Simplicissimus und dem Einsiedler nicht gebraucht aus dem vielleicht überraschenden Grund, dass sie keinen Alkohol trinken – Gewürze nutzt man anscheinend nur, um den Durst zu kitzeln. Gewürze werden also nicht nur mit übermäßigem Genuss, sondern auch mit Schwindel in Verbindung gebracht. Die kleine Menge Salz, die jeder Menschenkörper braucht, wird ihnen von einem Pfarrer ausgehändigt und man kann sicher sein, dass er ihnen nicht zuviel auf einmal gegeben haben wird. In Grimmelshausens *Wunderbarlichem Vogelnest*, das den neunten und zehnten Teil der *Simplicianischen Schriften* bildet, nutzt der erste Nestbesitzer seine durch das magische Nest verursachte Unsichtbarkeit nicht nur aus, um nackte Frauen zu erblicken, sondern auch um seinen Magen mit Leckerbissen zu füllen, die er sonst nicht bekommen würde. Vor Gewürztem, oder soll ich besser sagen:

vor Gesäuertem, warnt Grimmelshausen ausdrücklich. Nachdem der Nestbesitzer sich bei einem geizigen Hausbesitzer durch kluge Tricks trotzdem gut ernährt und unter anderem eine beachtenswerte Menge Käse verzehrt hat, sieht er am folgenden Morgen zu, wie die Hausfrau Butter und Käse zu Markt bringt, um sie zu verkaufen.[9] Seiner Anwesenheit nicht bewusst macht sie neben dem unsichtbaren Gast von gestern Abend Pause. Er erzählt:

> Ich sahe ihr zu / wie sie ihren Butter und ihre Käse nacheinander heraus packte / und den Butter in denselben Bächlein netzte / damit er fein hart und frisch bleiben solte; die Käse lagen auch dort besonders auff einem Hauffen / über welche sie hockte gleichsam wie eine Bruthänne über ihre Eyer / und netzte sie so artlich mit warmem Wasser / gleichwie sie zuvor den Butter mit kaltem befeuchtet.[10]

Als der Nestbesitzer sich erinnert, wie er am vorigen Abend reichlich von dem gleichen schon übelriechenden Käse gegessen hat, übergibt er sich über die arme Frau, die er verschrickt, indem er ihren nackten Hintern mit Brennnesseln prügelt. Obwohl Grimmelshausen erklärt, warum sie die Butter in den Bach netzte, nämlich „damit er fein hart und frisch bleiben sollte", bleibt es ein Rätsel, warum sie auf den Käse uriniert. Als Konservierungsmittel ist diese Flüssigkeit wohl untauglich, und wenn sie die Haltbarkeit ihres Käses verlängern wollte, hätte sie ihn ohnehin zusammen mit der Butter ins Wasser stellen können. Ich glaube, dass wir annehmen müssen, dass sie auf den Geschmack oder den Geruch einwirken und dadurch ihre Kunden betrügen wollte.

Als Simplicissimus am Ende seiner Geschichte in der sogenannten *Continuatio* selbst Einsiedler wird, dieses Mal auf einer Insel im tropischen Ozean, beschert die Natur ihm und dem Kumpan, der ihn zunächst begleitet, noch mehr als damals im Spessarter Wald. Ohne jegliche landwirtschaftliche Tätigkeit würde dieses unverdorbene, weil von Menschen noch nicht bewohnte Stück von Gottes Erde viel mehr Menschen ernähren können, als den ausgedienten Soldaten und einen Zimmermann. Es gibt nämlich „eine unsäglich Mänge Fische in der Grösse als mittelmäßige Salmen oder grosse Karpffen" (S. 555). Geflügel und Südfrüchte sind genauso zahlreich, so dass die beiden glauben würden, sie seien in „Schlauraffenland" gelandet, gäbe es nur andere menschlichen Wesen, ihnen Gesellschaft zu leisten, und Küchenrat, womit sie die vielen guten Dinge richtig zubereiten könnten. Nach dem Vierteljahrhundert, das Simplicissimus nach dem Tod des Einsiedlers in der Welt verbracht hat, braucht er offensichtlich mehr als ein stumpfes Messer und einen eisernen Hafen. Er kann nicht umhin, zivilisiert worden zu sein.

---

[9] Ich bin Sarah Colvin (Edinburgh) dankbar für den Hinweis auf diese Episode.
[10] GRIMMELSHAUSEN: *Das wunderbarliche Vogelnest*, Hg. Rolf Tarot. Tübingen: Niemeyer, 1970, S. 36.

Sein Wunsch nach Geschirr und Gesellschaft wird schon am gleichen Tag erfüllt, als eine Kiste, an die eine junge, hübsche und pechschwarze Schiffbrüchige festgebunden ist, an den Strand gespült wird. Die Frau, die sie für eine christliche Abyssinerin halten, stellt sich als Magd eines reichen Herrn vor. In ihrer Kiste finden die zwei Männer alles, was sie für ein bequemes Leben auf ihrer Insel brauchen. Es sind: „etliche chinesische Stück gewant / etliche Gewehr und Waffen / und dann unterschiedliche so grosse als kleine Porcellanen Geschirr / so in Portugal einen vornehmen Fürsten von ihrem Herrn hette geschickt werden sollen" (S. 556). In der Person der Frau haben sie das, wonach sich alleingelassene Männer, selbst wenn sie Hunger haben, sehnen. Als sie den beiden Herrn ihre Dienste als Magd und Köchin anbietet, können diese ihr Glück nicht glauben. Ihr Einfluss auf ihr Inselleben wird also ein zivilatorischer sein, oder, weil sie den Zivilisationsprozess schon durchgemacht haben: Die Frau wird es ihnen ermöglichen, weiterhin ein zivilisiertes Leben zu führen. Mit der Hilfe des Zubehörs, das sie mit sich führte, wird sie fortan die rohen Zutaten, von denen sie umgeben sind, in leckere Gerichte verwandeln. Komisch: Denn wie soll eine Schwarzafrikanerin zwei europäischen Männern zivilisiertes Verhalten ermöglichen, geschweige denn beibringen? Alles ist zu gut, um wahr zu sein. Bald schlägt sie dem jüngeren der beiden Männer vor, Simplicissimus aus dem Weg zu schaffen, damit er allein ihre Dienste sowohl als Geliebte, als auch als Köchin, genießen kann. Ihr Komplott wird sofort vereitelt, als Simplicissimus zurückkehrt, das Benediktum vor dem Essen spricht und dabei das Zeichen des Kreuzes macht. Frau und Kiste verschwinden alsbald und lassen einen „grausamen Gestank" hinter sich.

In der *Continuatio* schreibt Grimmelshausen nicht mehr realistisch wie in den ersten fünf Büchern, sondern lässt seinen fiktiven Helden seine Erfahrungen allegorisch deuten. Die schwarze Köchin ist eine von dem Teufel angenommene Form, durch welche Simplicissimus wieder versucht werden soll, wie er zuvor schon während der ersten fünf Bücher versucht worden ist. Im Gegensatz zu früher besteht er diese Prüfung, und der Teufel macht sich davon. In der Forschung sind seine weibliche Gestalt und deren schwarze Hautfarbe immer wieder hervorgehoben worden.[11] Was mir in diesem Zusammenhang auffällt, ist seine Zugehörigkeit zur von Grimmelshausen verpönten Kochkunst.

Die andere Episode im ersten Buch des Romans erklärt, warum der erste wirkliche Romanschriftsteller deutscher Sprache so über das Kochen und Essen gedacht hat. In Hanau, wohin es Simplicissimus nach dem Tod seines

---

[11] Wie etwa Siegfried Streller, bei dem es heißt: „Nach dem Schiffbruch landet Simplicius in Gemeinschaft mit dem Schiffszimmermann auf einer Insel, die ein irdisches Paradies darstellt. Auch in diesem Paradies naht der Versucher, diesmal nicht als Schlange, sondern in der Gestalt einer schwarzen Eva" (*Grimmelshausens Simplicianische Schriften: Allegorie, Zahl, Wirklichkeit.* Berlin: Rütten und Loenig, 1957, S. 42-3).

Einsiedler-Vaters verschlägt, wird ein militärischer Sieg mit einer „Fürstliche Gasterey" (S. 80) gefeiert. Einige der Gerichte dürften *Butt*-Lesern bekannt vorkommen. So verleitet zum Beispiel „ein grosser fetter Kalbskopff", mit Ingwer und „Speck-Brühe" zubereitet, Simplicissimus dazu, den Leckerbissen, den er in den Esssaal hineintragen soll, selbst zu verköstigen – ein Vergehen, das ihm, wäre der Gouverneur ihm nicht noch geneigt, seine Stelle gekostet hätte. Grimmelshausen vergisst nicht, einen sozialkritischen Hieb zu versetzen. Denn von solchen Kalbsköpfen pflegte man zu sagen „daß sie kein Armer fressen dörfe" (S. 80). Diese Kost kommt also nur auf den Tisch der Reichen. Grimmelshausen geht es um das frevelhafte Verhalten der Gäste, die mehr und mehr Wein in sich hineinschütten und deren Verhalten dementsprechend tierischer wird. Simplicissimus fragt sich: „Wer weiß / ob Circe andere Mittel gebraucht hat / als eben diese / da sie deß Ulyssis Geferten in Schwein verändert?" Er sieht zu, wie „diese Gäst die Trachten frassen wie die Säu / darauff soffen wie die Kühe / sich dabey stellten wie die Esel / und alle endlich kotzten wie die Gerberhund" (S. 82). Das Unnatürliche ihres Verhaltens wird von der unnatürlichen Zubereitung ihres Essens verursacht. Der Erzähler scheint fest davon überzeugt zu sein, dass sie nur essen, um besser trinken zu können. Das Fremde geht mit dem Unnatürlichen Hand in Hand:

> Man brachte Gerichter / deßwegen Vor-Essen genant / weil sie gewürtzt und vor dem Trunk zu geniessen verordnet waren / damit derselbe desto besser gienge: Item Beyessen / weil sie bei dem Trunk nicht übel schmecken solten / allerhand Französischen Potagen und Spanischen Olla Potriden zu geschweigen, welche durch tausendfältige künstliche Zubereitungen und ohnzahlbare Zusätze / dermaßen verpfeffert / überdummelt / vermummet / mixtirt und zum Trunk gerüstet waren / daß sie durch solche zufällige Sachen und Gewürtz mit ihrer Substanz sich weit anders verändert hatten / als sie die Natur anfänglich hervor gebracht / also daß sie Cneus Manlius selbsten / wann er schon erst auß Asia kommen wäre / und die beste Köch bey sich gehabt hätte / dennoch nicht gekennet hätte. (S. 82)

Cneus Manlius gilt für Garzoni als der erste Koch und Erfinder der Kochkunst, die von Asien nach Europa gebracht wurde. Das Kochen mit Gewürzen ist undeutsch, gar uneuropäisch und daher unchristlich und gegen die Natur.

Die Grimmelshausen-Figur, die bei Grass in *Das Treffen in Telgte* ihre Auferstehung feiert, ist nicht Simplicissimus, sondern die Frau, mit der er kurz und zwar an einem moralischen Tiefpunkt seines Lebens liiert war: Courasche, jetzt wieder beim Namen, den sie in ihrer Jugend ablegte, Libuschka, genannt. Sie unterbricht ihre Karriere als wandernde Zigeunerin, die sie am Ende Grimmelshausens Roman aufnahm, um kurz Wirtin zu werden. Grass schreibt sowohl die *Simplicianischen Schriften* Grimmelshausens, als auch seinen eigenen *Butt*-Roman fort, aber diese Fortsetzung der Geschichte der Nahrung verdankt weniger den Quellen als seiner Fantasie. Es geht in der Erzählung nicht in erster Linie ums Essen, sondern ums Schreiben und um die Wirksamkeit des Geschriebenen, aber, wie die Erfahrung der Telgter Dichter zeigt: Ohne die materiellen Grundlagen des Lebens erst zu sichern, kommt nichts aufs Papier. Mit leerem Magen schreibt man keine Gedichte. Es ist daher bezeichnend, dass die Dichter in einem Wirtshaus tagen, dem auf einer Flussinsel gelegenem Brückenhof, einem Quartier, das sie sich nur mit Hilfe Gelnhausens Schwert beschaffen können. Ihr Treffen steht von Anfang an unter diesem Zeichen der Gewalt. (Günter Grass hat übrigens nie ein Geheimnis daraus gemacht, dass Schriftsteller von der Wirklichkeit kompromittiert sind.) Die Dichter in Telgte werden wieder ermahnt, dass ihre Schreiberei wenig zählt, wenn es darum geht, an heiß begehrte Nahrungsmittel heranzukommen. Ihre Selbstachtung und Selbsttäuschung, die im Laufe der Erzählung auf und ab gehen, werden in der variablen Qualität der Speisen bespiegelt. Täuschen sie sich über ihre Stellung in der Welt, so essen sie gut; achten sie sich und die Wahrheit, so essen sie ehrlich und schonend, am Ende der Erzählung vom selbst gefangenen Fisch, der wie durch ein Wunder in Greflingers Netz schwimmt.

Es gibt drei Essensphasen in *Das Treffen in Telgte*. Am ersten Abend verzehren einige „Braunbier, Käse und Brot" (9:18). Das Bier ist gestohlen. Am nächsten Tag kommt wenig Schmackhaftes auf den Tisch:

> Indessen hatte die Wirtin mit ihren Mägden in der Kleinen Wirtsstube ein eher bescheidenes Zwischenmahl getischt: In der von Wurstbrühen fetten Suppe schwammen Mehlklietern. Brot lag in Fladen. Braunbier war zu haben. Man brach ab, tunkte ein, schlabberte, füllte nach. (9:29)

Kein Fleisch also, nicht einmal wirkliche Wurst sondern nur eine aus Wurst gemachte Brühe mit billig gemachten Knödeln.

Simon Dach, der eigentlich Gastgeber, der seine Kollegen aus allen Ecken des Vaterlandes hier versammelt hat, kündigt das erste Abendessen mit einer Erklärung an: Libuschkas Vorräte seien vor kurzem von fouragierenden Kroaten „requiriert" worden, „die Kälber weggetrieben, die Säue abgestochen und die letzte Gans konsumiert, oder, wie man gut deutsch sage, gefressen" (9:39). Was übrig geblieben ist, reicht erst einmal für eine Mahlzeit:

> Was die Wirtin von ihren Mägden auftragen ließ, war so mager nicht: in tiefen Kummen dampfender Hirsebrei mit ausgelassenen Schweineflom und Speckspirkeln übergossen. Dazu gab es Brühwürste und grobes Brot. Außerdem hatte ihr Garten, der hinterm Haus, von Wildnis umzäunt, geschützt lag (und die fouragierenden Kroaten übersehen haben mochten), Zwiebeln, Mohrrüben und Rettich hergegeben, was alles roh auf den Tisch kam und zum Braunbier schmeckte.
>
> Sie lobten die einfache Kost. (9:40)

Dieses Mal also ein kleines bisschen Fleisch, aber kein Stück Gebratenes; Würste zwar, aber keine guten. Das Brot sieht man sonst nur beim Bauer, wie die nicht gekochten Zwiebeln. Die Dichter mögen „die einfache Kost" loben, aber Gelnhausens Musketiere würden ihren Dienst verlassen, wenn sie von ihm solchen Fraß bekämen. Auch die Dichter meinen, dass man das Schlichte übertreiben kann, als sie am nächsten Tag „Grütze mit Kerbel geschönt" (9:84) und dazu Schwarzbrot bekommen und niemand satt wird.

Erst am folgenden Abend essen sie richtig: Gelnhausen kehrt mit richtigem Fleisch zurück: Gänse, Spanferkel, ein Hammel, den sie mit Blut- und Leberwürsten (keine Brühwürste mehr!) füllen. Es ist teueres Fleisch, das man am Spieß über ein Feuer dreht. Überhaupt kein Grünzeug, dafür Käse, Wein, und „frischgebackene Weißbrotstuten" (9:113). Das Essen wird zu einem Ereignis, das den Dichtern eine Gelegenheit bietet, sich selbst darzustellen und in der vermeintlichen Gunst ihrer nicht existenten Gönner zu baden. Was sie nicht wissen wollen, ist dass Gelnhausen alles gestohlen hat, und wenn auch er und seine Soldaten für die Ermordung der Bauernfamilie nicht direkt verantwortlich waren, so sind sie sich wohl bewusst, dass das erbeutete Fleisch vom Blut dieser Familie trieft. Gutes, das heißt teueres, schmackhaftes Essen ist also auch bei Grass in Telgte mit sündhaftem Vergehen, mit Mord sogar, verbunden. Die Dichter wären mit Grets Kutteln, mit Agnes' Schonkost oder der „Gegenküche" anderer *Butt*-Köchinnen besser dran gewesen. Merkwürdig, dass Grass in diesem einen Punkt mit Grimmelshausen einig war.

Tell us what the children eat...

Kinderlose Mütter und mutterlose Kinder im *Butt*

Markus Wallenborn, Köln

> Matriarchy in Neolithic times features three-breasted women who nurse their men throughout adulthood. And what, the bewildered reader vainly asks, happens to the female children? Since women don't breastfeed other adult women in this novel, we must assume that the girls get weaned somewhere along the way. A narrator who is so emphatically concerned with diet should abandon his double standard long enough to tell us what the girls eat while the boys are drinking mother's milk.[1]

Die Kritik am *Butt*, der Ruth Angress mit diesen Worten seinerzeit Ausdruck verlieh, ist aus feministischer Sicht verständlich. In der Tat erfahren wir in Grass' bislang kulinarischstem Roman viel über Ernährungsgewohnheiten, und die Schilderung dreibrüstiger Saugseligkeiten unter dem Regime der urzeitlichen Muttergöttin Aua nimmt dabei breiten Raum ein. Und es sind auch wirklich stets die Männer, die gesäugt werden; die Frage, „what the girls eat while the boys are drinking mother's milk", ist also durchaus berechtigt. Die doppeldeutige Formulierung von den „girls" und den „boys" (die ja sowohl die erwachsenen „Mädels" und „Jungs" als auch tatsächliche Mädchen und Jungen meinen kann) führt jedoch noch weiter. Geht man ihr nach und versucht (sozusagen probehalber) einmal zusammenzutragen, was die Mädchen und Jungen, also die Kinder, im Roman essen, so stellt man fest, dass nicht nur die Frage, „what the girls eat", sondern auch ihre allgemeinere Variante, „what the children eat" schwer zu beantworten ist – denn die Zahl der im Text als handelnde Personen präsenten Kinder ist ausgesprochen gering. Mit der Frage nach den Kindern und ihrer Ernährung stellt sich aber zugleich die Frage nach der Präsenz jener Menschen im Roman, die in den vergangenen Jahrhunderten gemeinhin mehrheitlich für die Kinder zu sorgen hatten: den Müttern. Wo sind sie, und was geschieht mit ihnen in einem Roman, mit dem Grass laut Hunt geradezu eine „Geschichte der Mütter"[2] geschrieben hat?

---

[1] Ruth K. Angress: *Der Butt – A Feminist Perspective*, in: Gertrud Bauer Pickar (Ed.): Adventures of a Flounder: Critical Essays on Günter Grass' *Der Butt*. München 1982, S. 43–50. Hier: S. 44.

[2] Irmgard Elsner HUNT: *Mütter und Muttermythos in Günter Grass' Roman Der Butt*. Frankfurt a. M. 1983, 1f.

Diese Frage mag im Zusammenhang mit feministischer Literaturkritik reaktionär wirken, sie mag mit Blick auf das umfangreiche weibliche Personal des Romans paradox klingen und zudem überflüssig scheinen angesichts einer ganzen Reihe von Büchern und Aufsätzen, die speziell zu diesem Themenkomplex[3] bzw. zu verwandten Themen wie „Frauen bei Grass"/„Frauen und Grass" bereits geschrieben wurden.[4] Aber man kommt nicht umhin festzustellen, dass die meisten der bei Grass (nicht nur, aber auch und vor allem im *Butt* mit seinem überwiegend weiblichen Personal) so beliebten Mutterfiguren ohne die gängige Konnotation „Mutter-mit-Kind" auskommen, will sagen: dass sie nicht erzählerisch als „Mutter mit Kind" ausgearbeitet werden. Insofern kann, was Renate Möhrmann in der Einleitung ihres Sammelbandes über die Mutter als ästhetische Figur bezüglich Goethe schrieb, auch von Grass behauptet werden: „Der Quell der Dichterphantasie scheint gerade dort zu versiegen, wo die überwiegende Mehrheit der Frauen auch heute noch [...] einen Großteil ihrer Energie und Kreativität investieren: in die Rolle der Mutter."[5]

Urmutter Aua und ihre Nachfolgerinnen säugen und bekochen in erster Linie erwachsene Männer. Entsprechend wird auch in der Forschungsliteratur das Motiv der ‚Mutter' bei Grass gemeinhin im Verhältnis der Geschlechter zueinander gesucht (wo es sich ohne Schwierigkeiten finden lässt: „Eine positive Frauenfigur ohne deutlich mütterliche und bemutternde Züge ist bei Grass nicht denkbar und immer Gradmesser bei der Bewertung seiner Frauenfiguren."[6]). Die Grass'sche ‚Mutter' als biologische Mutter, als tatsächliche Bildgruppe ‚Mutter-mit-Kind', bleibt hingegen – wie im Werk selbst, so auch in der Sekundärliteratur – eine Randerscheinung, man kann beinahe so weit gehen zu behaupten, sie fehle.

Nun ist es mehr als offensichtlich, dass auch im *Butt* Kinder geboren werden, viele sogar (wenn auch „Nur Töchter"[7]). Ja, der Roman als Ganzes rückt das Phänomen Schwanger- und Mutterschaft durch seine Einteilung in neun „Monate" derart in den Mittelpunkt, dass es nötig erscheint, die etwas gewagte These vom (weitgehenden) Fehlen der Mütter ausführlicher zu belegen. Und so

---

[3] Irmgard Elsner HUNT: *Mütter und Muttermythos in Günter Grass' Roman Der Butt.* Frankfurt a. M. 1983.
[4] Vgl. beispielsweise Barbara GARDE: *„Selbst wenn die Welt unterginge, würden deine Weibergeschichten nicht aufhören."* Zwischen *Butt* und *Rättin*: Frauen und Frauenbewegung bei Günter Grass. Frankfurt a. M. 1988, sowie Claudia MAYER-ISWANDY: *„ Vom Glück der Zwitter".* Geschlechterrolle und Geschlechterverhältnis bei Günter Grass. Frankfurt a. M. 1991.
[5] Renate MÖHRMANN: *Einleitung,* in: Dies. (Hrsg.): Verklärt, verkitscht, vergessen. Die Mutter als ästhetische Figur. Stuttgart 1986, S. 1–19. Hier: S. 6.
[6] Claudia MAYER-ISWANDY: *„ Vom Glück der Zwitter".* Frankfurt a. M. 1991, S. 97.
[7] So der Titel eines Kapitels im „Sechsten Monat".

soll denn im Folgenden zunächst eine kritische Durchsicht jener Passagen des *Butt* erfolgen, die die vielen mütterlichen Frauengestalten des Romans in Interaktion mit den von ihnen geborenen Kindern zeigen.

Solche Passagen sind frappierend rar. Schon Grass' Schilderung der vorchristlichen Mutterregimente von Aua über Wigga bis Mestwina bleibt arm an diesbezüglichen Hinweisen: „Die Steinzeitfrauen legten sich, nachdem sie ihre Säuglinge gestillt hatten, ihre Steinzeitmänner an die Brust [...]" (Butt 13)[8]. Außerdem sagen sie „Eiei" zu ihren Sprösslingen (Butt 14), viel mehr erfahren wir zunächst nicht. Nachgetragen wird jedoch eine bezeichnende Episode, in der die dreibrüstige Urmutter Aua höchstpersönlich ihr Neugeborenes „mit dem Steinkeil" erschlägt, weil sie das vierbrüstige Mädchen – empfangen von einem weißen Elchbullen – als „Unnatur" empfindet (Butt 113).

Auch die vierte Köchin und Mutter, Dorothea, bringt eines ihrer Kinder zu Tode (wenngleich auf weniger direkte Weise). Vom Schicksal Kathrinchens berichtet der allzeitliche Erzähler ausführlicher als von dem jedes anderen seiner Sprösslinge:

> Kathrinchen spielte gerne in der Küche mit Tiegeln und Löffeln, mit Mörser und Stößel. In alle Töpfe guckte das Kind, so daß die Mägde immer ein Auge drauf haben mußten. Nicht so ihre Mutter, die in der Zeit nach Aschermittwoch und an allen Freitagen ihre aus Dorschköpfen und Wurzelzeug, mit Graupen gebundenen Buß-, Reu- und Fastensuppen kochte. Solange die Fischköpfe und Runkeln im großen Kessel wallten, kniete sie, der niedrigen Feuerstelle abgewandt, mit ihren weißen Knien auf grauen Erbsen, Peluschken genannt. Den Blick geweitet ans Kruzifix genagelt, die Finger bis zur Blutleere verknotet, bemerkte oder witterte sie mütterlich nicht, wie ihre zweite Tochter, die dreieinhalb Jahre alt sein mochte und in Sankt Katharinen getauft worden war, auf einem Schemel neben dem Kessel gleichfalls kniete, doch nicht in Inbrunst versteinert war, sondern mit großem hölzernem Löffel nach den weißen Kugelaugen der verkochten Dorschköpfe fischte, wobei Kathrinchen – um es kurz zu machen – in den großen, den Hausstand nährenden Kessel fiel. Dem Kind gelang nur ein spitzer Schrei, der nicht tief genug wirkte, um die ganz an ihren Jesus verlorene Mutter von den Bußerbsen zu reißen. Hätte die Magd das Kind nicht vermißt, wäre Kathrinchen, ohne die Inbrunst der Mutter auch nur ein Gegrüßetseistdumaria lang zu beirren, womöglich ganz und gar verkocht.
> So verlor der Schwertfeger Albrecht Slichting nach der drittjüngsten seine zweitälteste Tochter. Als die Mutter, offenbar ungerührt, vor dem dampfenden Bündel stand, schlug ich meine Frau Dorothea mit der Schwertfegerhand mehrmals. (Butt 144f.)

So gesellt sich zu den vielen anderen missliebigen Eigenschaften Dorotheas also auch noch die, eine sprichwörtlich ‚schlechte Mutter' zu sein: „Sie hat unsere Kinder alle, bis auf Gertrud, die blieb, elend verkommen lassen..." (Butt 144)

---

[8] Die Primärtexte werden im Fließtext mit Kürzel zitiert nach der Werkausgabe 1997, die Volker Neuhaus und Daniela Hermes für den Steidl-Verlag Göttingen herausgegeben haben.

Es ist der Mann, der sich um die Kinder kümmert und ihnen das Essen vorkaut, „[a]ls Dorothea auf Pilgerreise nach Finsterwalde und Aachen ging und mich mit den restlichen vier Kindern, darunter die noch nicht einjährigen Zwillingsmädchen, zum Hausmann machte" (Butt 316).

Auch die Nonne Margarete Rusch mit ihren mütterlichen Rundungen – sonst in fast allem das sinnenfrohe Gegenbild der hochgotischen Asketin Dorothea – erleben wir nicht im Umgang mit ihren Kindern: „Sie hat zwei Töchter geboren. Auf Reisen unterwegs. Für Niederkünfte fand sich immer ein Stall." (Butt 238) Freilich verbieten ihr die Klosterregeln, die Kinder bei sich zu behalten (wie sie ihr eigentlich bereits verboten hatten, sie zu zeugen), und so werden beide Mädchen „von Tanten der dicken Gret aufgezogen" (ebd.). Als die älteste Tochter Hedwig im heiratsfähigen Alter ist, wird sie von der Mutter für eine ehevertraglich festgelegte jährliche Gegenleistung in Gestalt diverser Gewürze, insbesondere Pfeffer, an einen portugiesischen Kaufmann verheiratet – also letztlich verkauft (Butt 229 u. 249). Die zweite Tochter wiederum, Katharina, wird „einem hiesigen Fleischhauer ins Bett gelegt" (Butt 459). Der Umgang Margaretes mit ihren Töchtern erscheint ausgesprochen geschäftstüchtig.

Agnes Kurbiellas Tochter mit Maler Möller „wurde kein Jahr alt" (Butt 314), „weil ihr die Milch nach wenigen Tagen ausblieb und Möller keine Amme zahlen wollte" (Butt 315). Agnes versucht daraufhin vergeblich, „das von Geburt an schwache Kind zuerst mit verdünnter Kuhmilch, dann mit Hafermehlpamps, schließlich mit Vorgekautem" zu ernähren: „Hühnchen in Hirse, Kalbshirn mit Rübchen, Heringsrogen zu Spinat, Lämmerzunge in Linsenbrei" (Butt 315) sowie „Rübchen und Hühnerbrust" (Butt 316). Ansonsten beschränkt sich das Bild, das wir von Agnes als Mutter erhalten, auf die Information, dass sie nach dem Tod dieses ersten Kindes „bald ein neues haben" will, „doch nicht vom Maler Möller, der ihr die Amme verweigert hatte" (Butt 318). Obwohl wir also auch über diese ‚Mutter' nicht wirklich viel erfahren, ist Agnes Kurbiella doch damit die erste (und wie sich zeigen wird: einzige) der im *Butt* versammelten Mutterfiguren, die in einer positiv konnotierten Interaktion mit dem von ihr geborenen Kind gezeigt wird. Bei ihr fände Ruth Angress eine Antwort: What the girls eat? Verdünnte Kuhmilch, dann Hafermehlpamps, schließlich Vorgekautes!

Allerdings scheint dieses Intermezzo nur Mittel zum Zweck, denn sofort drängt sich der Erzähler in den Vordergrund und will eigene Verdienste gewürdigt sehen, die er ungleich ausführlicher schildert:

> Und mit nichts anderem habe ich später, als meine Ilsebill auf Reisen ging (Kleine Antillen), unser Kind gefüttert: aus beschrifteten Gläsern, Stückpreis 1,50 bis 1,80 DM, deren Vakuumverschlüsse beim Öffnen knacken müssen. Ich fütterte Rindfleisch mit Eiernudeln in Tomatensoße. Dieses Gericht enthielt 3,7% Eiweiß, 3,0% Fett, 7,5% Kohlehydrate, 82 Kalorien in 100g, wobei das Füllgewicht 220g bei einem Fleischanteil von 28g betrug.

Ausgleichend im Wochenprogramm – bei Rahmspinat mit Frischei und Kartoffeln, Truthahn in Reis, Schinken in Gemüseallerlei mit Eiernudeln – schwankten die Zahlen. Bei Dorsch in Kräutersoße mit Kartoffeln waren 5,4% Eiweiß und 93 Kalorien angegeben. Der Fischanteil wog 49g. Außerdem löste ich, solange meine Ilsebill auf Reisen war (und blond zwischen dunklen Menschen wie im Prospekt über weiße Strände lief), täglich einmal perlierten Kindergrieß aus einem Frischhaltebeutel in abgekochtem Wasser auf. Der Brei enthielt außer Milch, Pflanzenfett und Hartweizengrieß auch Honig und Zucker. Er war (das stand auf der Packung) mit Vitaminen angereichert. Früh um halb sieben und mittags gab ich unserem Kind ähnlich angerührte und angereicherte Trockenmilch aus der Flasche, wobei ich, nach Ilsebills Vorschrift, zuvor den Nuckel in kochendem Wasser steril gemacht hatte. (Butt 315f.)

Wie schon der Ehemann Dorotheas, wird also auch das erzählende Ich der Gegenwartshandlung mit den Kindern allein gelassen. Der Erzähler kümmert sich nach Kräften, er ist da, wenn Not am Mann ist. Und noch etwas unterscheidet ihn grundlegend von fast allen Müttern des Romans: „Das winzige Marthchen, das Annchen, das Händchenvoll Gundel. Stine, Trude, Lovise: mir sind so viele Kinder, die ich mit Dorothea, Agnes, Amanda hatte, weggestorben, mir saß so viel Leid im Rücken [...]" (Butt 317). In seiner Zeitweil als Maler Möller bricht sich dieses „Leid" Bahn, indem er „nach dem Tod der kleinen Jadwiga" ein zweifaches Doppelporträt von sich und Agnes „zerkratzt, durchstoßen, geschlitzt" haben soll (Butt 314f.). Unter den Frauen hingegen ist es einzig Amanda Woyke, die in Trauer um ihre verstorbenen Kinder gezeigt wird (vgl. Hunt 1983, 100):

Von ihren sieben Mädchen, die ich ihr, solange der Krieg dauerte, zwischen den Feldzügen gemacht hatte, starben drei weg und wurden zu todtraurigen Geschichten, die Stine Trude Lovise hießen und alle bei Liebgottchen im Himmel endeten. (Butt 336)

Das redundante Klagen um die verhungerte Dreieinigkeit „Stine Trude Lovise" darf dabei jedoch nicht davon ablenken, wie wenig der Erzähler offenbar zum Verhältnis zwischen Amanda und ihren überlebenden vier anderen Töchtern zu berichten weiß. Lisbeth, Annchen, Marthchen und Ernestine helfen Ihrer Mutter anscheinend in der Gesindeküche, wo die eine während des königlichen Besuches durch „Ollefritz" Kartoffeln schneidet, die andere Zwiebeln dünstet, Nummer drei Majoran rebelt und die vierte den Tisch scheuert (Butt 356). Ansonsten kommen sie nicht vor. Breiten Raum nimmt hingegen die märchenhafte Erzählung von der Himmelfahrt der verstorbenen Amanda ein, die „in der großen himmlischen Mehlschütte [...] ihre drei Mädchen Stine Trude Lovise" als Mehlwürmchen wieder findet. Die postmortale Utopie endet in paradiesischen Zuständen:

Die Mehlwürmchen Stine Trude Lovise wuchsen indessen zu putzsauberen und obendrein so klugen Mädchen heran, daß Ollefritz nicht mehr zu regieren brauchte, Graf Rumford nicht mehr erfinden mußte, der dußlige Inspektor niemanden mehr kujonieren durfte, denn in der himmlischen Kaschubei fürsorgten nur noch Amanda und ihre drei lachlustigen Töchter. (Butt 379)

Die realen Töchter hingegen, mit denen Amanda einen Großteil ihres Lebens verbringt, bleiben verschwunden – ob auch sie „lachlustig" sind, verrät der Erzähler nicht. Lediglich von Annchen, der Mutter Sophie Rotzolls, erfährt man später noch am Rande, sie sei mit unehelichem Kind in die Stadt gezogen, habe dort den Brauergesellen Christian Rotzoll geheiratet und sei Witwe geworden, als Sophie neun Jahre alt war (Butt 460). Außerdem sei sie selbst nach einem missglückten Sprung Amandas über einen Bach als Frühgeburt zur Welt gekommen (Butt 389). Amandas „Fall" dient dabei auf der Gegenwartsebene des Romans als illustrierendes Beispiel im Streit mit Ilsebill, die sich am Ende des fünften Schwangerschaftsmonats durch den warnenden Zuruf des erzählenden Ichs nicht nur nicht vom Sprung über einen Wassergraben abhalten lässt, sondern unvernünftigerweise vielmehr gerade durch die Bitte, nicht zu springen, angespornt wird: „[N]un mußte sie springen und sich beweisen vor jenem mir unbekannten Gesetz, nach dem sie handelt [...]." (Butt 386) Auch Ilsebill stürzt, und nur weil „sie im Sturz den Leib seitlich wegdrehte und mit dem Ellenbogen zuerst aufkam, ging die Sache noch einmal glimpflich aus." (Butt 388f.) Ein weiterer Aspekt impliziter Abwertung der diversen Köchinnen in Ausübung ihrer Rolle als ‚Mutter': Wic ihrzeit Amanda riskiert nun auch Ilsebill – so der Vorwurf des Erzählers an beide – das Leben ihres Kindes durch leichtsinniges Verhalten in der Schwangerschaft. Der zukünftige Vater hingegen („Das ist nicht nur dein Kind, das wird unser Kind!", Butt 390) sorgt sich um beide, „machte ihr Essigumschläge, horchte noch mal, tastete ab." (Butt 382)

Die an den Muttergestalten mal mehr, mal weniger unterschwellig kritisierte Sorglosigkeit im Umgang mit den eigenen Kindern wird insbesondere auf der Gegenwartsebene und bei Schilderung der jüngsten Vergangenheit (die Frauen der Vatertagsepisode) regelrecht als Vernachlässigung des Nachwuchses durch die Mutter aus egoistischen Beweggründen dargestellt. Von Griselde Dubertin, der Sophie Rotzoll zugeordneten Feministin des Tribunals, heißt es beispielsweise mit pejorativem Unterton: „Obgleich sie Kinder mit ihrem Ehemann hat, von dem sie auf Stadtvierteldistanz getrennt lebt, um in rasch wechselnden Verhältnissen zu anderen Männern zu leben, [...]" (Butt 450). Und Billys Tochter „wuchs [...] abgetan bei der Großmutter auf" (Butt 529), denn das Kind war „im Weg" (Butt 534) und „[d]as Muttersein kotzte sie an" (Butt 535). Fränzi wiederum hat „zwei Gören aus ihrem früheren Ehe- und Sparherdleben [...], die sie ihrem verflossenen, dem immer bekümmerten Pappi, samt Baugeschäft und neuer selbstloser Mutti gelassen hat" (Butt 529). Während die Frauen des 20. Jahrhunderts sich also mit ihren Kindern nicht mehr abgeben wollen, nimmt der „immer bekümmerte Pappi" die ihm samt Kind zugeschobene Rolle offenbar freudig-pflichteifrig an (Den ‚männlich-rationalen'

Blick über den eigenen Tellerrand hinaus und in Geschichte und Gegenwart hinein verliert er dabei freilich keineswegs):

> Das winzige Marthchen, das Annchen, das Händchenvoll Gundel. Stine, Trude, Lovise: mir sind so viele Kinder, die ich mit Dorothea, Agnes, Amanda hatte, weggestorben, mir saß so viel Leid im Rücken, daß ich, als ich unserm Kind die sterile Flasche gab oder den knackenden Vakuumverschluß der Gläser mit dem genau bemessenen Inhalt öffnete oder als ich perlierten Kindergrieß in abgekochtem Wasser löste und die gutverdauten Ergebnisse – wie satt das roch! – in den Wegschmeißwindeln sah, regelrecht fröhlich wurde und hymnisch die mitteleuropäische Kindernahrungsmittelindustrie lobte, obgleich ich wußte, daß unser Kind und Millionen anderer süßer Babys täglich den südasiatischen Säuglingen das Notwendigste wegfressen. Und schlimmer noch: es ist ja bekannt, daß unser mit Vitaminen angereichertes Milchpulver vielen außereuropäischen Säuglingen geradezu tödlich ist; weshalb man die Werbung eines Schweizer Großkonzerns, der in Afrika einen Markt für Trockenmilch sucht verbrecherisch nennen muß. (Machen den afrikanischen Müttern die Muttermilch mies.) (Butt 317)

Eine einzige der Frauen im *Butt* bleibt tatsächlich kinderlos, Sophie Rotzoll: „Außer ihr haben mir alle Kinder geboren, sogar Billy" (Butt 458). Entsprechend wenig ist unter dem Aspekt ‚Mutter-und-Kind' über sie zu finden, wenn man einmal von dem Prädikat genereller ‚Mütterlichkeit' absieht, das der Butt ‚den' Frauen als solchen zuspricht: „‚Ja, aus Prinzip sind sie Mütter, auch wenn sie es nicht, noch nicht sind oder unter Umständen nie sein werden und sozusagen jungfräulich bleiben wie Fräulein Rotzoll'" (Butt 458).

Vergleichbar blass bleibt jedoch auch die Kindsmutter Lena Stubbe (Köchin Nummer 9), obwohl sie doch „in erster und zweiter Ehe vier Töchter durchgefüttert hat" (Butt 460) – „Ein Kind aus erster Ehe. Drei Kinder aus zweiter Ehe" (Butt 469) –, die alle vor ihr gestorben sind (Butt 470). Allenfalls indirekt wird ihr Verhältnis zur ältesten Tochter beleuchtet, wenn sie ihren zweiten Ehemann in flagranti mit der fünfzehnjährigen Lisbeth erwischt und ihn „fuchtig" angeht, weil die beiden „ein bißchen in der Küche geknutscht und gefummelt" haben (Butt 472). Sonst aber erfahren wir nichts über Lena Stubbe als Mutter. Mütterlich mag sie sein, aber „mildtätig fürsorgend" (Butt 472) erleben wir auch sie nur den Männern gegenüber.

Im Falle Maria Kuczorras ist es wieder der männliche Erzähler, der sich ‚kümmert': „Ich wollte über Jans Töchter mehr wissen als nur die Namen. Die Mädchen seien bei Jans Mutter. Maria hatte Fotos bei sich." (Butt 629) Seit wann und für wie lange Marias Töchter bei ihrer Großmutter untergebracht sind (nur vorübergehend oder dauerhaft?), bleibt im Dunkeln. Nachdem sie in den Dünen mit dem erzählenden Ich geschlafen hat, „redete [Maria] Kleinigkeiten über die Töchter und über das angezahlte Auto, einen Fiat" (Butt 631). Eine sprechende Gleichsetzung von Kind und Gebrauchsgegenstand unter der

Überschrift „Kleinigkeiten", die die zusammengetragene Reihe von Mutter-Kind-Passagen stimmig abschließt.

Man stellt zunächst fest, dass es insgesamt verblüffend wenige Textpassagen in diesem 632 Seiten starken Roman sind – der doch von so vielen Müttern handelt und angeblich „über die Geschichte der Geschlechterverhältnisse hinaus eine Geschichte der Mütter schreibt"[9] –, in denen diese Mutterfiguren auch wirklich als Mütter in irgendeiner Weise mit (ihren) Kindern interagieren oder sich über das Verhältnis zu ihnen äußern. Und innerhalb dieser wenigen Passagen werden sie zudem entweder als so genannt ‚schlechte' Mütter gezeichnet, die ihre Kinder vernachlässigen und/oder „abschieben" (im Falle Auas und Dorotheas sogar ihren Tod (mit)verschulden), oder als ‚scheiternde' Mütter, denen die Mutterrolle aus anderen Gründen misslingt – wie Agnes, der „die Milch nach wenigen Tagen ausblieb" und der es nicht gelingt, ihre Tochter mit anderer Nahrung am Leben zu erhalten. Alternativ wird zwar gelegentlich nebenher erwähnt, dass es soundsoviele Töchter gab, dass diese aber leider aufgrund von Hungersnöten oder Pestepidemien verstorben sind. Als deswegen Trauernde führt der Erzähler jedoch nur Amanda Woyke dem Leser vor Augen – und ihr scheinen darüber wiederum die überlebenden Töchter ins Hintertreffen zu geraten. In diesen Zusammenhang gehören auch die Vorwürfe des Butt vor dem Feminal bezüglich des Versagens der „Frauen als Mütter" (Butt 603) in weltgeschichtlicher Hinsicht:

> Wurde dem Feminal nicht kürzlich bewußt, wie klaglos sich die Gesindeköchin Amanda Woyke zwischen den Schlachten des Siebenjährigen Krieges Kind nach Kind machen ließ, ohne zu fragen, wofür? (Butt 603)

> Nach Siegesparaden finden Kriegerehrungen statt. Volkstrauertage laufen ab wie am Schnürchen. Von den Toten ist kein Einspruch zu befürchten. Und was sagen die Mütter? (Butt 604)

Die kritischen Anmerkungen Ruth Angress', die den Anstoß zu den vorliegenden Überlegungen gaben, führen deshalb letztlich über das vordergründige Interesse an der Ernährung der Protagonistinnen und ihrer Töchter hinaus. Ihre eingangs zitierte Überlegung, „[w]hat […] happens to the female children?", die für sie lediglich die Ein- und Überleitung zu der Frage bildete, „what the girls eat while the boys are drinking mother's milk", zielt in Wirklichkeit auf ein Grundproblem des Romans, nämlich die grundsätzliche Unterscheidung von ‚Mutterschaft' und ‚Mütterlichkeit', die zwar bei den weiblichen Hauptfiguren gemeinsam auftreten (Ausnahme: Sophie Rotzoll, der jedoch als Frau das grundsätzliche Potenzial einer Mutter zugesprochen wird),

---

[9] Irmgard Elsner HUNT: *Mütter und Muttermythos in Günter Grass' Roman Der Butt.* Frankfurt a. M. 1983, 1f.

aber nicht das selbe meinen und nicht gleichwertig ausgeführt werden. Hunt scheint das übersehen zu haben, wenn sie ausführt:

> Im Butt gibt es nicht nur elf Köchinnen, die Mutter sind. Da jeder eine Feministin der Gegenwart zugeordnet ist, darunter mehrere Mütter, wächst die Zahl der Frauen von 11 auf 22 an; dazu kommt die werdende Mutter Ilsebill. Und all diese Weiblichkeit gebiert Töchter, „Nur Töchter," wie eines der Kapitel heißt, sodaß die die [sic] Zahl sich leicht auf 50 oder mehr weibliche Wesen erhöhen kann [...].[10]

Mit dieser prinzipiellen Gleichsetzung von ,Mutter' und ,Frau' geht Hunt der Logik des Butt auf den Leim – der in seinem Schlusswort vor dem Tribunal die pauschal angesprochenen „Frauen als Mütter" auch beliebig unterteilt in „Mütter, Frauen und Schwestern" bzw. „Mütter, Schwestern und Töchter" (Butt 603) –, denn sie ergibt sich nicht aus der Doppelung der geschichtlichen Köchinnen in den gegenwärtigen Tribunalmitgliedern, sondern aus dem Frauenbild des Autor-Erzählers, das im Roman zwar immer wieder satirisch überspitzt und damit (selbst)ironisch gebrochen wird, aber dennoch evident bleibt. Hunt selbst weist darauf hin, dass im *Butt* „[d]as Mütterliche in der Frau [...] nicht als Hypothese untersucht, sondern als Postulat aufgestellt" wird,[11] dass dabei jedoch „die Frauen in erster Linie dem Mann und nicht dem Kind Mutter zu sein" haben.[12] Dieser „Muttermythos"[13] deutet alte, im christlichen Marienmythos religiös aufgeladene und bis heute kulturell wirksame Konnotationen wie ,Lieben', ,Nähren', ,Schützen', ,Wärmen', ,Bergen', ,Trösten' etc. um, indem er sie nicht mehr auf das Kind, sondern auf den Mann richtet – wobei freilich das Attribut madonnenhafter Keuschheit kein Teil der Assoziationskette ist. Im Gegenteil, die verklärte Projektion der Heiligen mischt sich bei diesem Frauenbild in jeweils unterschiedlicher Gewichtung mit seinem Gegenstück, einer mehr oder weniger verruchten Sinnlichkeit. „Eine von mütterlichem Verhalten gekennzeichnete Frau ist eine solche, die die Rollen der Beschützerin, Ernährerin, Trösterin, Muse und erotisch Aktiv-Attraktiven in sich vereinigt."[14] Durch diese spirituelle wie sexuelle Aufladung von Weiblichkeit zu einer geradezu mythisch überhöhten ,Mütterlichkeit' in der Gestalt der Köchin wird der Frau ein Maß an Anziehungskraft, Stärke, Ruhe und Furchtlosigkeit zugeschrieben, die sie als dem Mann „aus Prinzip", also von Natur aus überlegen erscheinen lässt – eine Überlegenheit, die im Gedicht *Gestillt* ex negativo als Axiom festgeschrieben wird: „Männer nähren nicht" (Butt 77). Damit sind Geschlechterdichotomie und -hierarchie als unumstößliches Naturgesetz

---

[10] Ebd., S. 11f.

[11] Ebd., S. 10.

[12] Ebd., S. 202.

[13] Ebd., S. 1f.

[14] Claudia MAYER-ISWANDY: „*Vom Glück der Zwitter*". Frankfurt a. M. 1991, S. 130.

formuliert, gegen das der Mann auch mit größten Mengen von Babyfertignahrung nicht ankommt, dank der das „Kinderhochpäppeln [...] heute kein Problem mehr für den alleingelassenen Mann" darstellt (Butt 316). Die künstlich aufbereitete, vakuumverpackte, in Eiweiß-, Fett- und Fleischanteil genau zu beziffernde Ersatzmahlzeit „aus beschrifteten Gläsern" (Butt 315) bleibt „Kopfgeburt" und als solche hinter der urzeitlich-natürlichen Muttermilch, hinter der nährenden Fülle der Mutter und Köchin zwangsläufig zurück: „Ihr Kuß füttert", wie es in *Die Köchin küßt* heißt (Butt 268). Allein die Frauen als ‚prinzipielle' ‚Mütter' „geben Leben selbst dann, wenn sie namenlosen Samen aus Konserven abrufen. Ihnen, nur ihnen schießt pünktlich die Milch ein" (Butt 458).

Die Ambivalenz solcher Über-Mütterlichkeit ist jedoch stets mitzudenken, denn zuviel mütterliche Fürsorge erdrückt. Die Köchinnen des *Butt* nähren nicht nur, sondern sie töten auch. Als eines unter mehreren Beispielen mag Margarete Rusch dienen, die dicke Gret, die die Hinrichtung ihres Vaters rächt, indem sie mit kulinarischer wie sexueller Überfülle in Küche und Bett den Tod bringt: „den reichen Eberhard Ferber hat sie drei Jahre danach mit ihrem Doppelzentnergewicht im Bett erstickt; den Klosterabt Jeschke hat sie fünfzig Jahre später – so lange lebte die dicke Gret ihrer Rache – zu Tode gemästet" (Butt 230). „Mit der Entrückung der Frau in den unerklärbaren Naturbereich hat der Mann in ihr auch die negativen Naturfaktoren aufnehmen müssen, so daß ihm sein Produkt selbst unheimlich und bedrohlich erscheinen muß."[15]

Hinzu kommt, wie Mayer-Iswandy ausführt, der „Gebärneid der Männer; die weibliche Gebärfähigkeit dokumentiert dem Mann seine Entfremdung von der Natur, die er sich folglich auf gewaltsamem Weg aneignet, indem er sie sich untertan macht."[16] Grass' Versuch, diesen männlichen Reflex und seine fatalen Folgen im Verlauf der Geschichte zu dokumentieren und damit zu kritisieren, den Unterdrücker ‚Mann' als den im Verhältnis der Geschlechter eigentlich Unterlegenen darzustellen, mündet jedoch letztlich wieder in der gleichen Geschlechterdichotomie, die eigentlich Gegenstand seiner Kritik ist. Wieder wird die Frau festgelegt auf die Sphäre des Natürlichen, sie ist als allzeitliche Köchin die Gebärende und Nährende, die allein Leben weitergeben kann, während dem Mann nur seine „Kopfgeburten" bleiben. Auch in dem Versuch, eine „Gegengeschichte" zu schreiben, blitzt also letztlich der alte Widerstreit von ‚Natur' (= Frau) und ‚Geist' (= Mann) auf, ein Umstand, der Garde zu der Vermutung veranlasst, dass „hier in einem durchaus nicht altmodischen Schriftsteller ein urkonservativer Mann steckt, der, allen lebenden Frauen zum Trotz,

[15] Barbara GARDE: *„Selbst wenn die Welt unterginge, würden deine Weibergeschichten nicht aufhören."* Frankfurt a. M. 1988, S. 240.
[16] Claudia MAYER-ISWANDY: *„Vom Glück der Zwitter"*. Frankfurt a. M. 1991, S. 235.

den Mythos vom Ewigweiblichen nicht überwinden will."[17] Auch Clason
bescheinigt Grass Schwierigkeiten, sein Frauenbild und damit seine eigene Rolle
als Mann zu überdenken: „Dazu liebt er es zu sehr, das Bild, dem er den Roman
widmet."[18]

Bleibt die Frage, warum ein solchermaßen mit ‚Mütterlichkeit' aufgeladenes
Frauenbild im Roman mit so wenig ‚Mutterschaft' auskommt. Warum dieser
spärliche Einsatz der Mutter-Kind-Gruppe, warum diese Vernachlässigung, ja
großenteils Abwertung und Diskreditierung der Frauenfiguren in ihrer
Eigenschaft als Mutter, diese alles überlagernde Ausrichtung der mütterlichen
Frau auf den Mann als Muttergeliebte?

Auffallend ist, dass hierbei gerade jener Aspekt der weiblichen ‚Natur' ausge-
blendet, beiseite gelassen oder abgewertet wird, der doch eigentlich im Zentrum
des skizzierten Frauenbildes steht: der Mythos von der gebärenden, Leben
spendenden weiblichen Urkraft, die biologische Möglichkeit, ein Kind zur Welt
zu bringen und zu nähren, die als ‚mütterliches Potential' jeder Frau „aus
Prinzip" innewohnt. Indem ‚Mutterschaft' gar nicht oder nur misslungen
dargestellt wird, indem sie durch ‚Mütterlichkeit' ersetzt wird und diese dann allein auf den Mann gerichtet erscheint, kann nicht nur aller „Gebärneid" und
damit das Gefühl ‚natürlicher' Unterlegenheit verdrängt werden. Vielmehr kann
in der Indienstnahme solcher ‚Mütterlichkeit' durch den Mann, in der
Umdeutung der frustrierenden Erfahrung einer Leben spendenden weiblichen
Macht zu einer weiteren männlichen Kopfgeburt, nämlich der „Idee vom idealen
Zufluchtsort",[19] dem Phänomen ‚Mutter' das Exklusive, Furcht einflößend
Überlegene genommen und so der Versuch unternommen werden, die Frau dem
Mann nicht mehr über-, sondern zu- bzw. auf Umwegen doch wieder
unterzuordnen, indem ihre ‚natürliche' Veranlagung ebenso ‚natürlich' und „aus
Prinzip" auf den Mann gerichtet bleibt. Entsprechend verbinden sich der im
Roman mehrfach angesprochene Mutterkomplex des erzählenden Ichs (Butt 11,
77, 391, 448, 449, 552)[20] mit der Vorstellung einer naturgegebenen Geschlech-
terdichotomie zu einem Mythos von der Frau als ‚Mutter', dessen Etablierung

---

[17] Barbara GARDE: „*Selbst wenn die Welt unterginge, würden deine Weibergeschichten nicht
aufhören.*" Frankfurt a. M. 1988, S. 240.

[18] Synnöve CLASON: *Uwe und Ilsebill.* Zur Darstellung des anderen Geschlechts bei Morgner
und Grass. In: Inge Stephan u. Carl Pietzcker (Hrsg.), Frauensprache – Frauenliteratur?
Tübingen 1986, S. 104–107. Hier: S. 107.

[19] Barbara GARDE: „*Selbst wenn die Welt unterginge, würden deine Weibergeschichten nicht
aufhören.*" Frankfurt a. M. 1988, S. 183.

[20] Auch der Traum, in dem der Erzähler sich als „hochschwangere Frau […]" vor dem
Hauptportal des Kölner Doms" ein Mädchen gebären sieht – „meine Ilsebill" –, die dann
ihrerseits „aus schwieriger Steißlage einen Knaben gebiert, der jedoch buttköpfig ist" (Butt
561) ist in diesem Zusammenhang zu erwähnen.

nicht nur ohne Kinder auskommt, sondern dem die explizite Auseinandersetzung mit dem Phänomen der ‚Mutterschaft' geradezu im Wege stünde. Eine der Konsequenzen ist, dass Ilsebill – deren Schwangerschaft dem Roman schließlich die äußere Struktur gibt – ihr Kind nicht nur per Kaiserschnitt zur Welt bringt (also eben gerade nicht ‚natürlich'), sondern dem Leser dieses Ereignis durch den Erzähler auch in einer Weise vermittelt wird, die in ihrer desillusionierenden medizinischen Detailfreude bar jedes mythischen Anhauches ist:

> Wo er sich über der rasierten Scham wölbte, schnitt der Arzt quer in Ilsebills Leib durch die Haut, den Fettmantel, das Muskelgewebe und Bauchfell, was Ilsebill, deren Kopf weitweg abgeschirmt lag, nicht sah.
> Ich sah das, weil Väter das sehen sollen, wie im klaffenden Leib die Gebärmutter griffig liegt und mit dem Skalpell geöffnet wird. Damit sie leerlief, ritzte der Arzt die Fruchtwasserblase. Wäßriges Blut. Saugfähige Tücher in die Hohlräume gestopft. Venen abgeklemmt. Dann griff er in seinen Handschuhen zu, und schon kam unsere Tochter ärschlings auf die Welt und zeigte – Halleluja! – ihr Semmelchen, während im Kreißsaal des Städtischen Krankenhauses aus versteckten Lautsprechern leise Musik alles nett, harmlos, freundlich, unterhaltsam und ganz gewöhnlich machte; denn der moderne, jeder vernünftigen Neuerung aufgeschlossene Chefarzt will nicht, daß sich die Assistenzärzte mit den koreanischen Lernschwestern während der Kaiserschnittoperation (weil sie grad nichts zu tun haben) privat über Autos Politik Wochenendfreuden unterhalten und so die Mutter, die ja, weil schmerzfrei, alles überdeutlich hört, um wichtige Kleinerlebnisse bringen; vielmehr soll nur, außer den Instrumenten und den halblauten Anweisungen – „Klammer bitte, Tupfer bitte" –, die süße Musik zu hören sein.
> „Und das, sehen Sie", sagte der Arzt durch den Mundschutz zu meiner Unterrichtung, „ist der Eileiter…" (Außerdem sah ich noch, wie gelb, ähnlich Hühnerfett, Ilsebills Bauchfett ist. Ich hätte mir damit, weil ein Stück abfiel, zwei Spiegeleier braten können.) (Butt 618f.)

Gleichfalls ‚entmythisiert' wirken die zahlreichen Kindszeugungen, an denen uns der Erzähler teilhaben lässt. Kinder werden „gemacht" (Butt 190, 336, 356, 377, 389, 534, 561), die Frauen werden „dick gemacht" (Butt 319), sie

> sehen eins von sechs Kindern wegsterben, kriegen ein neues wie nichts reingehängt, das sie austragen, nach wie vor unter Schmerzen gebären, an diese an jene Brust nehmen, Mamasagen und Laufen lehren; bis sich die Mädchen […] für irgendeinen Kerl breit machen und wieder empfangen, was ausgetragen immer noch und nur von Müttern geboren wird. (Butt 456)

All diese Versuche, einerseits so ernüchternd sachlich, direkt und emotionslos wie möglich zu benennen, was so lange (und nach wie vor) unbegreiflich und für den männlichen Erzähler im Wortsinne unnachahmlich war bzw. ist, und dabei andererseits die biologische Notwendigkeit einer männlichen Mitwirkung zu betonen (er muss ihr das Kind immer erst „machen", das sie dann gebären wird), sind Ausdruck des Bestrebens, das Numinose seiner beklemmenden Exklusivität zu entkleiden. Gleiches bezwecken die ausführliche Darstellung moderner Möglichkeiten, Kleinkinder als Mann auch ohne weibliches Zutun „hochzupäppeln" – „[s]chon ist er mütterlicher als vorbedacht" (Butt 316) – sowie, damit einhergehend, das im Kontext von so viel ‚Mütterlichkeit' zunächst verwundernde Phänomen der ‚fehlenden' Mütter.

Was als ‚Mutterschaft' Neid, Furcht und Komplexe auslöste, wird als ‚Mütterlichkeit' (scheinbar) beherrschbar, wird zum „Zufluchtsort" umgedeutet und damit in den Dienst des Mannes gestellt. Die Köchinnen im *Butt* sind „Projektionen und abkünftige Wesen des männlichen Butt bzw. das [sic] Narrators, der nur von Köchinnen erzählen kann, die in ihm ‚hocken und raus wollen'"[21]. Ein solcher Muttermythos männlicher Prägung muss ausklammern, verdrängen und leugnen, was er sich nicht aneignen kann – und das ist paradoxerweise eben gerade die ‚Mutter'. Sie verschwindet in solcher Konzeption. Die Lücke, die sie – trotz oder gerade wegen der damit notwendig gewordenen ständigen Überbetonung weiblicher ‚Mütterlichkeit' – hinterlässt, führt zu jenem diffusen Unbehagen, das mit der Verwunderung Ruth K. Angress' darüber, „what the girls eat, while the boys are drinking mother's milk" auch den Anstoß zu den vorliegenden Betrachtungen gab. Was dabei zunächst als feministische Spitzfindigkeit erscheinen mochte, dann bei der Suche nach essenden Kindern im Roman seinen Ausgang nahm und zu den Auffälligkeiten Grass'scher Mutterkonzeptionen führte, berührt somit in letzter Konsequenz die inneren Widersprüche eines Frauenbildes, das bei Grass zwar reflektiert, sogar immer wieder ironisiert wird, auf dessen ewigweibliche, dem Mann zugeordnete Ausrichtung er aber trotz aller damit zwangsläufig verbundenen Paradoxien nicht verzichten kann oder will. Die küssende Köchin (Butt 268) wendet sich keinem Kind zu. Die Nahrung, die „sie im Kuß noch teilt", ist keine Babykost. „Ihr Kuß füttert" zwar – aber in erster Linie den Mann.

---

[21] Alois WIERLACHER: *Vom Essen in der deutschen Literatur*. Mahlzeiten in Erzähltexten von Goethe bis Grass. Stuttgart 1987, S. 85.

Über den Hunger, wie er beschrieben und schriftlich verbreitet wurde

Günter Grass und der menschengemachte Mangel

Anselm Weyer, Bremen

Worüber ich schreibe heißt das programmatische Gedicht aus *Der Butt*, in dem Günter Grass einen Ausblick von dem gibt, was den Leser auf den folgenden etwa 700 Seiten erwartet. Der Roman, der als „erzählendes Kochbuch" in *Aus dem Tagebuch einer Schnecke* angekündigt wurde, beinhaltet nun jedoch nicht nur die „Rezeptgeschichten" (5:699)[1], die bereits von Goldmäulchen in den *Hundejahren* lauthals gefordert wurden. Der Erzähler in all seinen Zeitweilen berichtet zudem über das, was die Matrize jeglicher Ernährungsgeschichte ist, über das aber allzu häufig geschwiegen wird: „Über den Hunger, wie er beschrieben und schriftlich verbreitet wurde". Der Hunger ist ein Defizitgefühl, ein Verweisen auf etwas Fehlendes. Leerstellen zeichnen sich nun aber dadurch aus, dass sie umschrieben, aber nicht direkt dargestellt werden können. Lücken haben keine beschreibbare Oberfläche.

Dies ist bei Günter Grass von entscheidender Bedeutung, denn er hat stets seine Fixierung auf den Gegenstand betont, auf das, was man sehen, fühlen, riechen, hören oder schmecken kann. Grass besteht für seine Kunst auf Oberfläche. Er geht von dem aus, was allen Menschen zugänglich, was intersubjektiv überprüfbar ist, ohne auf auktoriale oder allwissende Instanzen auszuweichen. Was aber allen Lebewesen zweifelsfrei gemeinsam ist, ist die Notwendigkeit der Nahrungsaufnahme, die ihren Ausdruck findet in zubereiteten Mahlzeiten. Solche findet man bei Grass in einer schier überwältigenden Fülle an Prosapassagen, Gedichten, Skulpturen, Radierungen und Lithographien, die Nahrungsmittel beschreiben und darstellen. Nahrungsmittel erscheinen hier gerne als Hinweis auf die lustvolle, fast hedonistische Zuwendung zu dieser Welt. Gutes Essen und Freude am Leben erfahren bei Grass eine Engführung, wie er in *Aus dem Tagebuch einer Schnecke* ausführt:

> Ich könnte mir, wenn ich alles zusammenkratzen wollte, hier in Berlin eine der kleineren so gut wie leerstehenden Kirchen kaufen, dann meine gekaufte Kirche in ein Gasthaus verwandeln, das in Anlehnung an die päpstliche Bank des Heiligen Geistes Gast-

---

[1] Die Primärtexte werden zitiert nach: Günter GRASS: *Das literarische Werk*. Herausgegeben von Volker Neuhaus und Daniela Hermes. Göttingen: Steidl, 1997ff. Die erste Zahl bezieht sich auf den Band, die zweite auf die Seitenzahl.

haus zum Heiligen Geist heißen könnte. Alles gäbe es dort zu essen, was ich selber gerne koche und esse: Hammelkeule und Linsen, Kalbsnieren auf Sellerie, Aal grün, Kutteln, Miesmuscheln, Fasan mit Weinkraut, Saubohnen und Spanferkel, Erbsen-, Fisch-,
Lauch- und Pilzsuppen, am Aschermittwoch Lungenhaschee und zu Pfingsten ein mit
Backpflaumen gefülltes Rinderherz. Denn soviel läßt sich über mich sagen: Ich lebe
gerne. Froh wäre ich, wenn alle, die mich ausdauernd lehren wollen, richtig zu leben,
auch gerne lebten. Die Verbesserung der Welt sollte nicht den magenkranken Bitterlin-
gen überlassen bleiben. (7:83f.)

Die hier zum Ausdruck kommende Trias aus Essen, Lebenslust und Geselligkeit
– schließlich spricht Grass von einem ihm vorschwebenden Gasthaus – findet
sich des öfteren in seinem Werk. Zum Essen kommen die Menschen nicht nur
im Werk von Grass immer wieder gerne zusammen, ob nun zu den Familien-
festen in *Blechtrommel* und *Rättin* oder zu Henkersmahl und Buttessen in *Der
Butt*.

Das Essen ist jedoch hinsichtlich seiner einheitsstiftenden Qualitäten ein
zweischneidiges Schwert. Einerseits eint die Notwendigkeit zur Nahrungsaufnahme alle Lebewesen, verstärkt durch die sich herausbildenden Nahrungskonventionen, wie Tischsitten, Nahrungsvorgaben, etc. von denen etwa Norbert
Elias in *Über den Prozeß der Zivilisation*[2] berichtet. Andererseits aber trennt die
Nahrung auch unüberbrückbar. So ist zwar die gemeinschaftsstiftende Funktion
der Nahrung nicht zu bestreiten, wenn man etwa an die Reglementierungen im
Judentum denkt, die über Jahrtausende durchgehalten wurden und immer noch
identifikationsstiftend wirken. Auf der anderen Seite separieren solche Reglementierungen selbstverständlich, wie ja Definitionen immer Negationen beinhal-
ten. ‚Etwas' impliziert immer auch ‚Alles andere nicht', oder mit Spinoza gesagt: *Omnis determinatio est negatio*. Vegetarier nehmen derzeit in der Gesellschaft ebenso eine Sonderrolle ein, wie etwa der Verzicht auf Alkohol vielerorts
als ein auffälliges Wesensmerk aufgenommen wird. Gemeinschaftsstiftende
Nahrungskonventionen sind dann auch Angriffsflächen. Konflikte zwischen den
Vereinigten Staaten von Amerika und Frankreich werden etwa gerne symbolisch
auf die Ernährungsebene übertragen, so dass bei Dissens zuweilen beispielsweise französischer Rotwein publicityträchtig weggeschüttet wird. Franz Josef
Degenhardt kontrastiert in seinem Chanson *Weintrinker* den Wunsch nach französischer Zivilisation mit bierseliger deutscher Schnaps-Kultur.

Das Essen separiert aber auch auf viel grundsätzlichere Weise. So bemerkt
Georg Simmel in *Soziologie der Mahlzeit*[3], dass zwar Gedanken dank der Sprache mitteilbar sind und optische wie akustische Reize gemeinsam wahrgenommen werden können. Beim Essen jedoch sei letztlich jeder mit seinem Eindruck
allein. Dies führt auch Grass am Anfang des Vierten Monats von *Der Butt* aus.

---

[2] Norbert ELIAS: *Über den Prozeß der Zivilisation*. Frankfurt am Main: Suhrkamp, 1976.
[3] Georg SIMMEL: *Soziologie der Mahlzeit*. In: Berliner Tageblatt, 10. Oktober 1910.

Die Horde vollzieht gemeinschaftlich die Ausscheidung, gegessen wird alleine, „der Horde abgewandt" (8:301).

Essen ist kollektive Separierung. Ausführungen zur Ernährung sind somit folgerichtig meist entweder Erläuterungen zur Nahrungszubereitung[4] oder Ausführungen zu Konventionen der Gastlichkeit.[5] Im Mittelpunkt steht, dass und wie ein begrenztes Gut, das zum Überleben notwendig ist, mit Gästen als Zeichen der Freundschaft geteilt wird. Deshalb eignet sich ein solches Mahl auch so gut zur Pervertierung. Vor dem Hintergrund der Gastlichkeit hat so nicht nur Shakespeare etliche Komplotte und Bluttaten noch schärfer kontrastieren können. Berühmt ist das Gift im Wein, an dem Hamlets Mutter anstelle ihres Sohnes stirbt. Aber schon in *Titus Andronicus* dient der Rahmen eines gemeinsamen vermeintlich freundschaftlichen Mahls beiden Seiten als Schauplatz ihres gegenseitigen Rachefeldzug: „And whilst I at a banket hold him sure,/ I'll find some cunning practice out of hand,/ To scatter and disperse the giddy Goths,/ Or at the least make them his enemies"[6], plant Tamora. Titus aber kommt ihr zuvor und serviert ihr in Nachahmung griechischer Mythologie die eigenen Söhne: „there they are, both baked in this pie;/ Whereof their mother daintily hath fed,/ Eating the flesh that she herself hath bred"[7].

Diese Ambivalenz von Einheit und Separierung ist in der gemeinsamen Mahlzeit stets strukturell gegeben. Es gibt gemeinsame Töpfe oder gemeinschaftliches Zubereitungsinstrumentarium, aber auf der anderen Seite immer wieder einen eigenen Teller. Menschen kommen gerne zusammen, um gemeinsam in mehr oder minder kultivierter Form zu speisen, aber im Gegensatz zum gemeinsamen Opernbesuch wird beim gemeinsamen Mahl der Erfahrungsgegenstand einverleibt. Das, was gegessen wird, kann kein anderer mehr essen.

---

[4] Solche Rezepte wiederum können mehr oder minder profan (in gängigen Kochbüchern) oder poetisch vorgetragen werden. Eines der berühmtesten poetischen Rezepte weltweit mag die *Ode an die Seeaalsuppe* von Pablo Neruda sein.

[5] Die Nahrung selber ist zudem Thema diverser Kochbücher, in denen das Handwerkliche notdürftig vermittelt wird. Auch hier ist die Kommunikation über Essen allerdings problematisch. Gisela Schneider stellt in ihrem Beitrag dar, wo Rezepte an ihre Grenzen stoßen. Das Rezept des Grafen lässt sich nicht verbal vermitteln. Es ist nicht zuletzt ein Erfahrungswert. Dies liegt auch daran, dass in diesem vergänglichen Metier der Nahrungszubereitung auch die Zutaten ständigen Schwankungen unterworfen sind. Eine Tomate schmeckt anders, je nachdem wann sie wo unter welchen Bedingungen gewachsen ist, jede Kuh schmeckt etwas anders. Was bei Weinen unbestritten ist, wird von den Kochbüchern ausgeklammert, dass nämlich die Individualität der zum Kochen verwendeten Naturzutaten einer großen Varianz unterliegen.

[6] William SHAKESPEARE: *The Tragedy of Titus Andronicus*, Act V, Scene 2.

[7] Ebd.

Nicht nur bei Grass kann man vielleicht noch weitergehen und sagen: Was Grass gerne isst, möchte manch anderer vielleicht gar nicht essen. Zwar fehlt es nicht an lobenden Tönen zu seiner Kochkunst. Das gute Verhältnis zu Karl Hartung scheint auch über die Küche zustande gekommen zu sein.[8] Der Speiseplan, den Grass in *Aus dem Tagebuch einer Schnecke* entwirft, mag dann auch an einigen Stellen das Wasser im Mund zusammenlaufen lassen – andere in Aussicht gestellte Gerichte dürften vielen jedoch wie eine Drohung anmuten. Günter Kunert erinnert sich etwa plastisch, dass Günter Grass als Koch bei seinen Schriftstellerkollegen nicht nur ungeteilte Zustimmung erfährt. Anlass ist ein Treffen der ambulanten „Gruppe 47, Sektion Ost"[9], in welcher

> eine zusätzliche Ankündigung von Grass […] Unruhe und Besorgnis unter den eingeladenen Schriftstellern hervorgerufen [hat]: Er wolle eine Kuttelsuppe kochen! Kunert solle die Zutaten beschaffen. Von entsprechender Vorstellung gepeinigt, baten einige Gäste im vorhinein Marianne, sie möge doch ja eine alternative Suppe zubereiten.[10]

Kunert berichtet anschließend, dass die Divergenz der Geschmacksvorlieben den Koch Grass nicht sonderlich entzückt:

> Es hebt in der Küche ein Kochen und Würzen an, und es läßt sich nicht verheimlichen, daß außer den Kutteln ein weiteres Suppenangebot vorhanden ist. Damit sinkt Grassens Laune sichtlich auf den Tiefpunkt. Dann wäre er ja überflüssig, dann hätte er sich die ganze Mühe sparen können, und es dauert eine Weile, bis meine Frau, von gleicher Vorliebe für gekochte Schuhsohlen beseelt, den Meistergourmet beruhigt.[11]

Nichts Literarisches, die Kutteln sind dann auch das Hauptgesprächsthema des anstehenden Treffens. Sie sind Kunert zufolge allerdings hinsichtlich des Verzehrs kein Publikumserfolg:

> Endlich wird die Kuttelsuppe herumgereicht. Mutige wagen eine Kostprobe. Aber so kühn sind die wenigsten. Ich rangiere unter den letzten Feiglingen, und habe an einem Löffel des Gebräus mit den darin schwimmenden zähen und weißlichen Flicken genug. Und ich bin sicher, daß die Erinnerungen der Anwesenden kaum von den Gesprächen, sondern vielmehr von der Kuttelsuppe geprägt sind.[12]

Die Kutteln sind also Gesprächsthema seit der ersten Ankündigung, aber sie werden nicht diskutiert, wie andere ästhetische und handwerkliche Fragen bei dem Treffen diskutiert werden. Noch vor dem ersten Bissen, ja sogar lange vor der Zubereitung lassen gesellschaftliche Konventionen die Teilnehmenden des Treffens skeptisch werden. Kunert versucht dann in seinen Erinnerungen auch

---

[8] „Wir tasteten uns ab nach Kochrezepten" (*Genau hingucken*, 14:285).
[9] Günter KUNERT: *Erwachsenenspiele. Erinnerungen.* München, Wien: Carl Hanser Verlag, 1997, S. 380.
[10] Ebenda.
[11] Ebd., S. 381f.
[12] Ebd., S. 382.

gar nicht, den Geschmack zu beschreiben.[13] Seine Abneigung erklärt er vielmehr im Verweis auf Optisches und auf die Konsistenz des Zubereiteten. Unhinterfragt wird die These Immanuel Kants zugrundegelegt, derzufolge der Mensch im Bereich des Kulinarischen nicht zu Geschmacksurteilen, sondern nur zu streng subjektiven Sinnengeschmacksurteilen fähig sein soll.[14] Grass selbst ist sich dessen bewusst, auf jeden Fall hat dieses Problem bereits Eingang in *Aus dem Tagebuch einer Schnecke* gefunden. Ähnliches wie Kunert berichtet Grass dort mit spürbarer Ironie und Selbstkritik in Bezug auf seine eigenen Kinder, die ebenfalls wenig Gefallen an den Lieblingsspeisen ihres Vaters finden:[15]

> Es gibt Kutteln, die ich gestern, nach meiner Rückkehr aus Kleve und während ich die Rede für Castrop-Rauxel abmagern, fett werden ließ, vier Stunden lang mit Kümmel und Tomaten auf kleiner Flamme weich kochte. Die späte Beigabe Knoblauch. Anna und ich mögen das; die Kinder sollen das auch mögen. Lappig hängen die Magenwände der Kuh beim Metzger am Haken und werden allenfalls für den Hund verlangt: der Pansen oder zu oft gewaschene Frottierhandtücher. (7:13)

Die Kinder sollen das auch mögen. Aber wie bei anderen Nahrungsangeboten auch – sprichwörtlich sind Spinat und Lebertran –, ist Erziehung in diesem Bereich mühsam, zumal diese Sinnengeschmacksurteile sich objektiven Bewer-

---

[13] Ähnlich verfährt auch Marcel Reich-Ranicki, dessen Vorzugsgesichtspunkte sich ohnehin selten mit denen von Grass zu decken scheinen, in seinen Sinnengeschmacksurteilen, ob sie nun positiv oder negativ ausfallen mögen. So erinnert sich der Kritiker in seiner Autobiographie, wie ihn, von Grass zum Essen eingeladen, „die Erinnerung an eine von Grass gekochte Suppe irritierte [...]. Sie war abscheulich. Mir schwante abermals Schlimmes. Doch zum Beruf des Kritikers gehört Mut. [...] Dann servierte er [Günter Grass, A.W.] uns einen Fisch. Um es kurz zu machen: Ich hasse Fisch und fürchte Gräten. Bis dahin wußte ich auch nicht, daß es Fische mit so vielen Gräten gibt – wobei ich nicht ausschließen kann, daß deren Zahl in meiner Erinnerung mit den Jahren noch gewachsen ist. Gleichviel, es war qualvoll, aber auch genußreich: Grass, schwach als Suppenkoch, kann mit Fischen wunderbar umgehen, das Essen war gefährlich und schmackhaft zugleich – und es hatte weder für Tosia noch für mich auch nur die geringsten negativen Folgen" (Marcel REICH-RANICKI: *Mein Leben*. München, 2000, S. 388f.).

[14] Kants These ist natürlich ihrerseits nicht sonderlich originell, sondern lediglich besser begründet. Schon John Locke betrachtet es als „vergebliches Bemühen, [...] den Hunger aller Menschen durch Käse oder Hummern stillen zu wollen; beides kann wohl für diesen und jenen eine sehr bekömmliche und schmackhafte Kost sein, andern aber kann es höchst zuwider und unzuträglich sein, so daß mancher mit gutem Grunde das Hungergefühl eines leeren Magens den genannten Gerichten vorziehen würde, die anderen als Leckerbissen gelten" (John LOCKE: *Versuch über den menschlichen Verstand*, 2. Buch, Kapitel XXI, § 55).

[15] Die Rolle des Ernährers scheint Grass wichtig zu sein, jedenfalls betont er 1960: „Ich sorge für meine Familie, indem ich zeichne, schreibe und koche. Das Kochen bezahlt mir zwar weder der Rundfunk noch ein Verlag, doch fällt mir zumeist über dem Kochtopf ein, was ich zeichnen, was ich schreiben will" (*Wir schreiben in der Bundesrepublik*, 14:25).

tungskriterien weitgehend entziehen. Seit Jahrhunderten wird versucht, gehaltvoll und fundiert über ästhetische Maßstäbe zu diskutieren, die über Handwerkliches hinausgehen. Beim Essen beendet die Diskussion häufig ein lapidares: ,Das mag ich nicht'. Das Essen eint die Menschen also nicht. Es ist eine exklusive Einverleibung. Außerdem ist der Appetit der Menschen so vielfältig wie die immense Varietät der verschiedenen Speisen, die sich die Köchinnen und Köche dieser Welt bislang so ausgedacht haben. Es ist demnach genaugenommen nicht das Essen, das vereint. Wahrhaft gemein ist den Menschen vielmehr der Hunger.

Hunger ist ein Gefühl des Mangels,[16] das von zentraler Bedeutung für den Menschen ist. Schon in der biblischen Schöpfungsgeschichte steht, dass der Acker Dornen und Disteln tragen soll, dass also die Ernährung ungesichert ist. In einer Vielzahl von Märchen ist er das Movens. Die prekäre Versorgungslage ist das Motiv dafür, dass Hänsel und Gretel von den eigenen Eltern ausgesetzt werden. Die Bremer Stadtmusikanten sollen allesamt getötet werden, um die Anzahl der zu stopfenden Mäuler zu reduzieren. Die Nahrung wird somit normalerweise als eine begrenzte Ressource betrachtet, um die gestritten werden muss. Wenn der Krieg der Vater aller Dinge ist, wie Heraklit sagt, dann gehört der Hunger sicherlich zum engeren Familienkreis.

Nun ist es schwerlich zu übersehen, dass Grass einen eher pessimistischen Blick auf die Welt wirft und den Menschen eindeutig als Mängelwesen betrachtet. Er sieht, wie er unlängst in seiner Rede vor dem PEN, *Dem Krieg geht die Puste nicht aus* (2006), wiederholt hat, den Krieg als den Normalzustand, der zuweilen von Friedenspausen durchbrochen wird, und bekämpft vehement jede Art von Utopie, derzufolge etwa nur die Verhältnisse geändert werden müssten, damit der Mensch auf Dauer liebenswürdig und friedfertig wird. Volker Neuhaus hat es in seinem Beitrag ausgeführt: Mit der Sündflut beginnt die Weltgeschichte regelrecht in der Apokalypse *Die Rättin*. Keine Rede vom paradiesischen Ausgangszustand der Genesis. Ganz im Gegenteil: In *Aus dem Tagebuch einer Schnecke* fürchtet Grass ausdrücklich den Wunsch nach einem paradiesischen Zustand, der für ihn per se nicht erreichbar ist (7:168f.). Grundsätzlich kann man im Weltbild von Grass von einem nicht zu behebenden Mangel sprechen.

Diese Zustände des Mangels schildert er im Verlauf seiner gesamten schriftstellerischen Karriere. In der Danziger Trilogie wird beschrieben, wie sich ein Krieg ankündigt, wie er ausbricht und wie die Nachkriegszeit verläuft. Geschildert werden alle möglichen Gräuel, Morde, Verfolgung, Vergewaltigungen. Mit

---

[16] „Hunger und Durst und dergleichen Zustände, sind sie nicht Empfindungen einer gewissen Leere im Zustande des Körpers?", fragt Sokrates in PLATON: *Der Staat*, Neuntes Buch (585 St.). Zitiert nach der Ausgabe Otto Apelts: Sämtliche Dialoge, Band V. Hamburg: Meiner, 1993, S. 376.

einer verwunderlichen Ausnahme: Der Hunger fehlt in der Danziger Trilogie fast völlig. Die in diesen drei zentralen Werken von Grass geschilderte Kriegszeit scheint zunächst keine Zeit des Hungers und der Entsagung zu sein. Die Ostergasse ist in *Katz und Maus* erfüllt vom Geruch der eigentlich knappen Zwiebeln (4:120f.). Der Studienrat Brunies hungert in den *Hundejahren* lediglich nach einer Form von Luxus, nämlich nach Süßem.

Am Anfang steht bei Grass fast immer der Überfluss in positiver Form – nicht jener, der in *örtlich betäubt* dargestellt wird: die Kuchen in sich hinein schaufelnden „Pelztiere", die schwelgenden Gewinner des Wirtschaftswunders. Es herrscht wohliges Genügen, das gerne von richtiggehenden Fruchtbarkeitsgöttinnen ausgeht. Oskars Großmutter wird eingeführt als Gaia, die auf dem Feld sitzt und Kartoffeln brät, dank der kartoffelfarbenen Qualität ihrer Röcke fast eine Einheit mit den Kartoffeln bildet:

> Meine Großmutter Anna Bronski saß an einem späten Oktobernachmittag in ihren Röcken am Rande eines Kartoffelackers. Am Vormittag hätte man sehen können, wie es die Großmutter verstand, das schlaffe Kraut zu ordentlichen Haufen zu rechen, mittags aß sie ein mit Sirup versüßtes Schmalzbrot, hackte dann letztmals den Acker nach, saß endlich in ihren Röcken zwischen zwei fast vollen Körben. Vor senkrecht gestellten, mit den Spitzen zusammenstrebenden Stiefelsohlen schwelte ein manchmal asthmatisch auflebendes, den Rauch flach und umständlich über die kaum geneigte Erdkruste hinschickendes Kartoffelkrautfeuer. Man schrieb das Jahr neunundneunzig, sie saß im Herzen der Kaschubei, nahe bei Bissau, noch näher der Ziegelei, vor Ramkau saß sie, hinter Viereck, in Richtung der Straße nach Brentau, zwischen Dirschau und Karthaus, den schwarzen Wald Goldkrug im Rücken saß sie und schob mit einem an der Spitze verkohlten Haselstock Kartoffeln unter die heiße Asche. (*Die Blechtrommel*, 3:12f.)

Auch die Nachkommen dieser Erd- und Fruchtbarkeitsgöttin sitzen mit einem Kolonialwarenladen im Familienbesitz und der fischreichen Ostsee vor der Tür an der Quelle und segnen sich: Oskars mutmaßlicher Vater Matzerath vermag Gefühle in Suppen zu verwandeln, und Oskars Mutter leistet sich den Luxus, sich zu Tode essen zu können mit einem Übermaß an Karfreitagskost, wie übrigens auch Greff sich in der Kriegszeit, die doch eigentlich Mangelzeit sein sollte, durch Überfluss zu Tode bringt, indem er sich nämlich mit Kartoffeln aufwiegt (vgl. *Die Blechtrommel*, 3:412f.) und erhängt. Im Palindrom ‚Sarg' und ‚Grasen' führt Grass Essen und Tod gerne eng. Der Tod entspringt bei ihm nicht wie in fast der gesamten literarischen Tradition dem Mangel, sondern eher einem Zuviel, wie ja auch das mit offener Nadel verschluckte Partei-Abzeichen in Alfred Matzeraths Hals eindeutig ein Zuviel ist. In der Nachkriegszeit mit ihren genau zugeteilten Kalorien, in denen bei Wolfgang Borchert der Mann heimlich seiner Frau das Brot stiehlt,[17] hat die Familie dann Kurtchen, den Ernährer, der über eine geheimen Quelle für wertvolle, in Nahrung umtauschbare und für das Kochen unverzichtbare Feuersteine verfügt.

Die hochoffizielle Urmutter in der persönlichen Mythologie von Günter Grass wiederum ist die in *Der Butt* beschriebene Aua, deren drei Brüste einen paradiesischen Überfluss ausdrücken, dem nachgetrauert werden kann.

Aua

Und säße gegenüber drei Brüsten
und wüßte nicht nur das eine, das andere Gesäuge
und wäre nicht doppelt, weil üblich gespalten
und hätte nicht zwischen die Wahl
und müßte nie wieder entweder oder
und trüge dem Zwilling nicht nach
und bliebe ohne den übrigen Wunsch...

Aber ich habe nur andere Wahl
und hänge am anderen Gesäuge.
Dem Zwilling neide ich.
Mein übriger Wunsch ist üblich gespalten.
Und auch ganz bin ich halb nur und halb.
Immer dazwischen fällt meine Wahl.

Nur noch keramisch (vage datiert) gibt es,
soll es Aua gegeben haben: die Göttin
mit dem dreieinigen Quell,
dessen einer (immer der dritte) weiß,
was der erste verspricht und der zweite verweigert.

Wer trug dich ab, ließ uns verarmen?
Wer sagte: Zwei ist genug?
Schonkost seitdem, Rationen.

Diese Fülle ist es, von der Grass im Gegensatz zu weiten Teilen der Tradition im Bereich des Essens ausgeht. Von ihr aus kommt er erst auf den Hunger zu sprechen. Der Mangel ist nun bei ihm ein Zustand, der künstlich von der aus krummem Holz geschnitzten Menschheit herbeigeführt wurde und wird. Und bei Grass ist Hunger fast immer nahezu ein Synonym für Krieg: „Krieg, Hunger und Inflation" (*Mein Jahrhundert* 1927, S. 98) wirken stets zusammen, wie laut Mephistopheles die Trias „Krieg, Handel und Piraterie" (*Faust II*, 5. Akt).

Das erste Mal ist bei Günter Grass in *örtlich betäubt*, also 1969, von wirklich peinigendem Hunger der ersten Art, dem Hunger nach Nahrung, die Rede, wenn

---

[17] Wolfgang BORCHERT: *Das Brot*. In: Das Gesamtwerk, Hamburg: Rowohlt, 2002, S. 304-306.

der Kochkurs in Kriegsgefangenschaft – später eines der Glanzstücke von *Beim Häuten der Zwiebel* – von Störtebecker durchlebt wird:

> Die Kriegsgefangenen rückten zusammen, damit eine Unterrichtsbaracke Platz und Gelegenheit bot, den vulgären Hunger durch Bildungshunger zu verdrängen: Sprachkurse für Anfänger und Fortgeschrittene. Die doppelte Buchführung. Deutsche Dome. Mit Sven Hedin durch Tibet. Der späte Rilke — der frühe Schiller. Kleine Anatomie. [...] Und jeden Mittwoch und Sonnabend gab uns ein ehemaliger Hotelkoch — den jetzt jedermann als Fernsehkoch schätzt — einen Kochkurs für Anfänger.
> Brühsam gab vor, bei Sacher in Wien gelernt zu haben. Brühsam stammte aus Siebenbürgen. Seine Lehrsätze begannen: „In meiner Heimat, dem schönen Siebenbürgerland, nimmt die kochfreudige Hausfrau..." Da Mangel den Lehrplan bestimmte, lehrte Brühsam das Kochen mit Zutaten aus der Luft gegriffen. Er imaginierte Rinderbrust Kalbsnieren Schweinebraten. Wort und Geste ließen die Lammkeule saftig bleiben. Sein Fasan auf Weinkraut und sein Karpfen in Biersoße: Spiegelungen von Spiegelbildern. (Ich lernte, mir vorzustellen.) Während wir großäugig vergeistigt, dank Unterernährung markant, in der Unterrichtsbaracke auf Schemelchen hockten und Brühsam lauschten, füllten sich unsere Oktavhefte — eine amerikanische Spende — mit Rezepten, die uns zehn Jahre später verfetten ließen. (6:97)

Hunger wird nun quasi gleichbedeutend mit Leid, das der Krieg verursacht, egal, ob die Kinder der Gesindeköchin Amanda Woyke während des Siebenjährigen Krieges verhungern oder aber die deutschen Barockdichter während des Dreißigjährigen Krieges beim *Treffen in Telgte* hungern, weil Soldaten raubend und prassend das Land verwüsten, und zwischenzeitlich selber wiederum nur durch kriegerische Handlung gesättigt werden, später sündenfrei – wie Julian Preece ausgeführt hat – durch Fisch.

Diese Engführung von Hunger und Krieg entdeckt Grass gemeinsam oder zumindest bemerkenswert zeitgleich mit dem von ihm verehrten Willy Brandt, dem späteren Vorsitzenden der Nord-Süd-Kommission, der bereits als Außenminister einschlägige Erfahrungen in armen Ländern gesammelt haben dürfte. Brandts berühmtes Diktum bei seiner Rede vor Vertretern der Vereinten Nationen im September 1973 – „Auch Hunger ist Krieg" – zitiert Grass immer wieder, zumal Grass selbst „damals in New York war und Gelegenheit fand, im UNO-Gebäude seiner erstaunlichen Rede zuzuhören"[18]. Er lässt diese These sogar zum Gedicht werden *(Als in Chile)*. Und jedes Mal, wenn er auf das Thema ‚Hunger' zu sprechen kommt, ob in seiner Nobelpreisrede oder vor dem Internationalen PEN, wird stets auch der tote Freund zitiert. Grass jedoch verkürzt und verschärft die immer noch relativ diplomatische These des Politikers Willy Brandt in eine generelle Gleichsetzung von Hunger und Krieg. „Armut, Elend und die Zahl der Verhungerten" werden in der Rede *Preisgabe der Vernunft*

---

[18] Günter GRASS: *Das war im Mai, als Willy zurücktrat.* Rede am Vorabend des 10. Todestages von Willy Brandt am 7. Oktober 2002 in Lübeck.

(1981) als direkte Folgen der Rüstung bezeichnet. Dies allerdings nicht in dem Sinne, dass der verachtenswerte Krieg ein zusätzliches bedauernswertes Nebenprodukt namens Hunger in Kauf genommen hätte oder diese Kriegsfolge nicht verhindert werden könnte. Der Hunger ist vielmehr mittlerweile ein oftmals aktiv gebrauchtes Machtmittel der Reichen und Mächtigen:[19] „Wer den Markt für Grundnahrungsmittel beherrscht und also mit den Preisen steuernd über Mangel und Überfluß verfügt, muß keinen herkömmlichen Krieg führen"[20], so Grass in der Eröffnungsrede zum Kongress des Internationalen PEN in Berlin 2006. Der Krieg wird inzwischen mit Saatgut geführt, das nur für eine Ernte taugt. Geführt wird solch ein Krieg also vom Schreibtisch aus; der Hunger wird, wie es im eingangs zitierten *Butt*-Gedicht heißt, „schriftlich verbreitet".

An Beispielen für seine und Brandts These mangelt es Grass nicht. „Während der ersten Nachkriegsjahre bestimmten Hunger und Kälte, die Not von Flüchtlingen, Vertriebenen und Ausgebombten den Alltag", konstatiert Grass in seinem Essay *Freiheit nach Börsenmaß* (2005). Aber was verschuldet den Hunger? Den eigenen Hunger im Kriegsgefangenenlager setzt Grass in scharfen Kontrast zum Müllberg der amerikanischen Besatzungssoldaten. Genügend Nahrung wäre vorhanden. Den Hunger der Deutschen beschreibt *Beim Häuten der Zwiebel* als Rache der Siegermächte, die zudem durch genau abgeteilte Kalorien eventuelle Aufsässigkeiten der Deutschen bereits im Keim ersticken wollen. Im Jahr 1947 wird in *Mein Jahrhundert* „der Wunsch nach einer deutschen Beteiligung an der internationalen Walfangflotte von den britischen Behörden abschlägig entschieden" (*Mein Jahrhundert* 1947, S. 169). Gründe werden nicht genannt, es scheint sich auch hierbei um eine Machtdemonstration und einen Akt der Vergeltung zu handeln.

Auch in der Literatur hat diese Idee Tradition. Als „Kapitän Sirius" verweist der Erzähler im Kapitel 1906 von *Mein Jahrhundert* auf die Geschichte von Sir Arthur Conan Doyle, in der England durch den Einsatz von U-Booten dezidiert von der Nahrungsmittelversorgung abgeschnitten und ausgehungert werden soll. Übermutter Aua verweigert die Brust, um den auf eigene Gedanken kommenden Edek mit den Machtmitteln des Matriarchat zu maßregeln.

Der Hunger auf der Welt ist von Menschen gemacht. Die Tatsache, dass in absoluten Zahlen noch niemals so viele Menschen auf der Erde ernährt wurden

---

[19] Schon Max Weber schreibt: „Der Fabrikant setzt das Faktum, daß Leute vorhanden sind, welche Hunger haben und welche durch jene andern Leute mit den Pickelhauben daran gehindert werden, ihre physische Kraft zu benützen, um die Mittel, die zur Stillung ihres Hungers dienen könnten, einfach da zu nehmen, wo sie sie finden, [...] ganz ebenso in seine Rechnung ein, wie ein Jäger die Qualitäten seines Hundes" (Max WEBER: *R. Stammlers „Ueberwindung" der materialistischen Geschichtsauffassung*. In: Ders.: Gesammelte Aufsätze zur Wissenschaftslehre. Hrsg. von Johannes Winckelmann. Tübingen: J. C. B. Mohr, 1985, S. 326).
[20] Günter GRASS: *Dem Krieg geht die Puste nicht aus*. In: Die Zeit, 24. Mai 2006.

wie in der Gegenwart, nötigt Grass keinen Respekt ab, der es bis auf das Papier oder in ein Mikrophon geschafft hätte. Vielmehr argumentiert er immer noch vom Müllberg ausgehend. Die Welt ist ihrer Möglichkeit nach reicher geworden, aber trotzdem sinkt die Armut nicht. Der vorhandene Überfluss lindert den vorhandenen Hunger nicht. Der existentielle Mangel in fernen Ländern dient als mächtiges[21] wirtschaftliches Machtmittel, um kostengünstig produzieren zu können. So beschreibt Grass in *Zunge zeigen* den Hunger und das Elend in Calcutta, das beispielhaft ist „für den wachsenden oder sich stabilisierenden Wohlstand der Industriestaaten auf Kosten der Dritten Welt" (*Zum Beispiel Calcutta*, 16:206), in *Mein Jahrhundert* widmet er das Kapitel 1980 dem Leiden der Boat people, also den Folgen des Wirtschaftskrieges.

Dies alles ist im Deutschland der Bonner und nunmehr der Berliner Republik zeitlich oder räumlich weit weg. Wie bei diesem Kongress, so ist es auch in der allgemeinen Wahrnehmung wohl immer noch so, dass wir Bürgerinnen und Bürger der sogenannten Industrienationen bei aller Armut von einem breiten Angebot ausgehen können, „hier [...] vollziehen sich Verarmung und Vereinzelung im Schatten einer Wohlstandskulisse"[22]. Hungergefühle sind bei allen Problemen in Deutschland immer noch hauptsächlich Resultate des mit Diäten bestrittenen Kampfes gegen Übergewicht. Der Müllberg der westlichen Länder zeugt davon, dass der elementare Hunger, der doch als Vergegenwärtigung des für das Leben unerlässlichen Metabolismus eigentlich das ist, was alle Organismen eint, nicht zur täglichen Erfahrungswirklichkeit gehört. „Gerade weil der Hunger auf ganzen Kontinenten fortwährt, obwohl er technisch abgeschafft werden könnte, vermag keiner so recht am Wohlstand sich zu freuen"[23], behauptete Theodor W. Adorno. Dieser These kann leicht widersprochen werden, überspitzt mit der Formulierung, die Kurt Tucholsky in seinem Gedicht *Nach der Schlacht*

---

[21] Wie mächtig, führt unter anderem Joseph Conrad aus: "No fear can stand up to hunger, no patience can wear it out, disgust simply does not exist where hunger is, and as to superstition, beliefs, and what you may call principles, they are less than chaff in a breeze. Don't you know the devilry of lingering starvation, its exasperating torment, its black thoughts, its sombre and brooding ferocity? Well, I do. It takes a man all his inborn strength to fight hunger properly. It's really easier to face bereavement, dishonour, and the perdition of one's soul – than this kind of prolonged hunger" (Joseph CONRAD: *Heart of Darkness*. New York: Norton & Comp., 1988).

[22] Günter GRASS: *Zuletzt*. In: Günter Grass, Daniela Dahn, Johano Strasser (Hg.): *In einem reichen Land. Zeugnisse alltäglichen Leidens an der Gesellschaft*. Göttingen: Steidl, 2002, S. 629.

[23] Theodor W. ADORNO: *Was bedeutet: Aufarbeitung der Vergangenheit*. In: Kulturkritik und Gesellschaft I/II. Gesammelte Schriften. Frankfurt am Main: Suhrkamp, 2003, S. 564

gewählt hat: „Ein fremder Hunger langweilt fürchterlich"[24] Die Hungernden auf der Welt kommen in den so genannten Industrienationen kaum vor.

Grass selbst sieht eine Notwendigkeit, diesen vorhandenen Hunger immer wieder ins Gedächtnis zu rufen, denn, wie er 1999 an prominenter Stelle, bei der Entgegennahme des Nobelpreises in seiner Rede *Fortsetzung folgt...*, mahnt:

> Dieses Thema ist uns geblieben. Dem sich anhäufenden Reichtum antwortet die Armut mit gesteigerten Zuwachsraten. Der reiche Norden und Westen mag sich noch so sicherheitssüchtig abschirmen und als Festung gegen den armen Süden behaupten wollen; die Flüchtlingsströme werden ihn dennoch erreichen, dem Andrang der Hungernden wird kein Riegel standhalten.

Der Hunger muss als menschengemachtes Defizit in diesem reichen Land, das die allen Menschen gemeine Macht des Hungers vor vollem Teller vergessen hat, immer wieder beschrieben und als Skandal schriftlich verbreitet werden.

---

[24] Kurt TUCHOLSKY: *Gesammelte Werke in zehn Bänden.* Reinbek bei Hamburg: Rowohlt, 1975, Bd. 3, S. 384.

Über die Verfasser

Frauke MEYER-KEMMERLING, Jahrgang 1967, studierte Germanistik, Philosophie und Allgemeine Sprachwissenschaft in Osnabrück und Köln. Magister Artium 1992 bei Volker Neuhaus über die Prosawerke von Günter Grass der 80er und 90er Jahre. Freie Mitarbeit beim WDR-Hörfunk und diversen Printmedien. Volontärin des „Hänneschen-Theaters", Puppenspiele der Stadt Köln, 1993/94. Seit 1994 tätig für das Kulturamt der Stadt Hürth. Kulturprojekte, Ausstellungen, Autorin und Redakteurin von Katalogen und Artikeln, u.a. *Wörtliche Bilder* (Günter Grass) mit Katalog und Dokumentation (1998). Seit Anfang 2005 Kulturamtsleitung und Leitung des Bürgerhauses, Kultur- und Tagungszentrum der Stadt Hürth.

Volker NEUHAUS, geb. 1943, Promotion 1968, Habilitation 1975, seit 1977 Professur für Neuere Deutsche und Vergleichende Literaturwissenschaft. Forschungsschwerpunkte: Goethe und seine Zeit, europäischer und amerikanischer Roman des 19. und 20. Jahrhunderts, Detektivroman, Günter Grass (Verfasser zahlreicher Aufsätze und mehrerer Monographien; Herausgeber aller Werkausgaben seit 1987).

Julian PREECE ist seit dem 1. Juli 2007 Professor of German Studies an der University of Wales Swansea. Er ist der Autor zweier Monographien, *The Life and Work of Guenter Grass: Literature, History, Politics* (Palgrave, 2001/2004), die zurzeit ins Chinesische übertragen wird, und *The Rediscovered Writings of Veza Canetti: Out of the Shadows of a Husband* (Camden House, 2007).

Florian REINARTZ, geboren 1980, Studium der Deutschen Philologie, Informationsverarbeitung und Klassischen Literaturwissenschaft an der Universität zu Köln. Magisterexamen 2006, seitdem Doktorand bei Professor Dr. Volker Neuhaus und Stipendiat des Medienarchivs Günter Grass Stiftung Bremen an der Jacobs University Bremen.

Dorothee RÖMHILD, geb. 1958, Studium der Germanistik, Medienwissenschaft und Philosophie in Osnabrück; Promotion 1988 zum Frauenbild bei Heinrich Böll, Habilitation 2004 mit einer kulturwissenschaftlichen Arbeit zum Hund in der Literatur des 19. und 20. Jahrhunderts (*Belly'chen ist Trumpf*, Bielefeld 2005). Forschungsschwerpunkte Literatur des 19. und 20. Jahrhunderts, Literatur und Film/Fernsehen, Frauen in der Literatur, Literatur von Frauen.

Gisela SCHNEIDER leitet seit März 2002 das Regionalreferat Großbritannien, Irland und Nordische Länder beim Deutschen Akademischen Austauschdienst (DAAD) in Bonn. Sie studierte Germanistik, Philosophie und Pädagogik an der Universität zu Köln (1982-1988) und unterrichtete nach dem Magisterabschluss zunächst als Teaching Assistant an der University of Nebraska in den USA (1989-1990). Zurück in Deutschland absolvierte sie ein Verlagsvolontariat, arbeitete als Verlagslektorin und später als Pressereferentin (1991-1995). Als DAAD-Lektorin unterrichtete sie an der Universität Cork in Irland deutsche Sprache und Literatur (1995-2000). Dort promovierte sie 2000 mit einer Arbeit über Günter Grass. Bevor sie ihre Arbeit beim DAAD aufnahm, leitete sie die Abteilung Evaluation bei der Zentralen Evaluations- und Akkreditierungsagentur Hannover (ZEvA).

Markus WALLENBORN, geboren 1975, Studium der Deutschen Philologie, Theater-, Film- und Fernsehwissenschaft und Politikwissenschaft an der Universität zu Köln, Magisterexamen 2001. Danach Wissenschaftlicher Mitarbeiter am Institut für deutsche Sprache und Literatur der Kölner Universität. Promotion 2005 (*Frauen. Dichten. Goethe. Die produktive Goethe-Rezeption bei Charlotte von Stein, Marianne von Willemer und Bettina von Arnim*, Tübingen 2006). Veröffentlichungen zu Alfred Döblin, Erich Kästner und Sophie Wörishöffer.

Anselm WEYER, geboren 1976, Studium der Deutschen Philologie, Philosophie und Theater-, Film- und Fernsehwissenschaft an der Universität zu Köln. Promotion 2005 (*Günter Grass und die Musik*, Frankfurt/M. 2007). Wissenschaftlicher Mitarbeiter am Medienarchiv Günter Grass Stiftung Bremen an der Jacobs University Bremen. Forschungsschwerpunkte: Günter Grass, Intermedialität, Komische Literatur.

Alois WIERLACHER ist Professor a.D. für Interkulturelle Germanistik an der Universität Bayreuth und Honorarprofessor an der Universität Karlsruhe. Er ist Mitbegründer und Vorsitzender der Deutschen Akademie für Kulinaristik sowie Gründer und Vorstandsmitglied des Internationalen Arbeitskreises für Kulturforschung des Essens. Er ist außerdem Gründer des ersten deutschen Universitätsstudiengangs für interkulturelle Germanistik, Gründer und Mitglied der Akademie für interkulturelle Studien (Würzburg) sowie Gründer und langjähriger Hauptherausgeber des Jahrbuchs Deutsch als Fremdsprache (Intercultural German Studies).

Personenverzeichnis

Peter Lang · Internationaler Verlag der Wissenschaften

Anselm Weyer

Günter Grass und die Musik

Frankfurt am Main, Berlin, Bern, Bruxelles, New York, Oxford, Wien, 2007.
307 S., zahlr. Tab.
Kölner Studien zur Literaturwissenschaft. Herausgegeben von Volker Neuhaus.
Bd. 16
ISBN 978-3-631-55593-4 · br. € 51.50*

Im Werk und Leben von Günter Grass spielt die Musik eine große Rolle. Seine
Lyrik und Epik sind mit musikalischen Motiven und Techniken durchsetzt. Er
schrieb Libretti zu drei Balletten sowie das Antiphon für das *Meißner Tedeum*
von Wolfgang Hufschmidt. Außerdem ist Günter Grass häufig mit Musikern
aufgetreten: Er spielte Schlagzeug in einer Jazzband und führte gemeinsam mit
Aurèle Nicolet Musikstücke für Sprechstimme und Querflöte auf, die diesem
Duo von Komponisten wie Jürg Wyttenbach, Aribert Reimann, Wolfgang
Hufschmidt und Klaus Huber maßgeschneidert wurden. Seit 1987 tritt er
regelmäßig als Rezitator mit dem Jazz-Schlagzeuger Günter „Baby" Sommer
auf. All diesen Kontakten mit dem großen Komplex „Musik" geht diese
intermediale Untersuchung nach.

Aus dem Inhalt: Grass und die Künste · Musik im epischen Werk von Grass ·
Grass und Richard Wagner · Das Motiv des *Krebsgangs* · Vertonungen
von Grass · Das *Meißner Tedeum* · Grass und das Ballett · Die Rezitationen
zur Musik · Grass und das Konzertmelodram · Wort-Ton-Verhältnisse · Die
Rezitationen zur Musik als eigenständige Kunstwerke · Die Lesungen im
Verhältnis zur Vorlage

Frankfurt am Main · Berlin · Bern · Bruxelles · New York · Oxford · Wien
Auslieferung: Verlag Peter Lang AG
Moosstr. 1, CH-2542 Pieterlen
Telefax 00 41 (0) 32 / 376 17 27

*inklusive der in Deutschland gültigen Mehrwertsteuer
Preisänderungen vorbehalten

Homepage http://www.peterlang.de